essentials

essentials liefern aktuelles Wissen in konzentrierter Form. Die Essenz dessen, worauf es als „State-of-the-Art" in der gegenwärtigen Fachdiskussion oder in der Praxis ankommt. *essentials* informieren schnell, unkompliziert und verständlich

* als Einführung in ein aktuelles Thema aus Ihrem Fachgebiet
* als Einstieg in ein für Sie noch unbekanntes Themenfeld
* als Einblick, um zum Thema mitreden zu können

Die Bücher in elektronischer und gedruckter Form bringen das Expertenwissen von Springer-Fachautoren kompakt zur Darstellung. Sie sind besonders für die Nutzung als eBook auf Tablet-PCs, eBook-Readern und Smartphones geeignet. *essentials:* Wissensbausteine aus den Wirtschafts-, Sozial- und Geisteswissenschaften, aus Technik und Naturwissenschaften sowie aus Medizin, Psychologie und Gesundheitsberufen. Von renommierten Autoren aller Springer-Verlagsmarken.

Weitere Bände in dieser Reihe http://www.springer.com/series/13088

Mike Wienbracke

Staatsorganisationsrecht

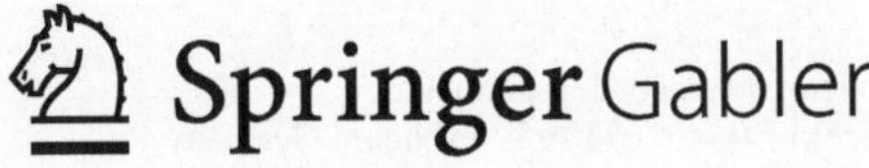

Mike Wienbracke
Westfälische Hochschule
Recklinghausen, Deutschland

ISSN 2197-6708   ISSN 2197-6716   (electronic)
essentials
ISBN 978-3-658-17198-8   ISBN 978-3-658-17199-5   (eBook)
DOI 10.1007/978-3-658-17199-5

Die Deutsche Nationalbibliothek verzeichnet diese Publikation in der Deutschen Nationalbibliografie; detaillierte bibliografische Daten sind im Internet über http://dnb.d-nb.de abrufbar.

Springer Gabler

Gedruckt auf säurefreiem und chlorfrei gebleichtem Papier

Springer Gabler ist Teil von Springer Nature
Die eingetragene Gesellschaft ist Springer Fachmedien Wiesbaden GmbH
Die Anschrift der Gesellschaft ist: Abraham-Lincoln-Str. 46, 65189 Wiesbaden, Germany

Inhaltsverzeichnis

Einleitung 1

Das *Verfassungsrecht* ist die wichtigste Quelle des Staatsrechts der Bundesrepublik Deutschland (Papier und Krönke 2015). Es regelt als Teilbereich des öffentlichen Rechts

- die Organisationsform des Staates (Abschn. 2.1),
- den Aufbau und die Tätigkeit der obersten Staatsorgane (Abschn. 2.2),
- die Staatsfunktionen (Abschn. 2.3) und
- das grundsätzliche Verhältnis zwischen Staat und Bürger (Maurer 2010; Morlok und Michael 2015).

Es legt damit insbesondere die rechtlichen Voraussetzungen für die Entstehung und Geltung aller übrigen staatlichen Rechtsnormen fest (Abschn. 1.2.2) (Maurer 2010; Wienbracke 2013a).

1.1 Staat

Voraussetzung für die Qualifizierung eines Gebildes als *Staat* (im völkerrechtlichen Sinn) ist nach der von *Georg Jellinek* (1851–1911) begründeten und auch von der Bundesregierung anerkannten *Drei-Elemente-Lehre,* dass folgende Merkmale erfüllt sind:

- **Staatsgebiet,** worunter ein bestimmter Teil der Erdoberfläche zu verstehen ist (inkl. Luftraum und 12 Seemeilen Küstengewässer bzw. 200 Seemeilen Wirtschaftszone),
- **Staatsvolk,** d. h. die Gesamtheit aller Staatsangehörigen, und

© Springer Fachmedien Wiesbaden GmbH 2017
M. Wienbracke, *Staatsorganisationsrecht,* essentials,
DOI 10.1007/978-3-658-17199-5_1

- **Staatsgewalt.** Das ist die nicht von einer anderen Macht abgeleitete (originäre) Herrschaftsmacht über das „Land" (Territorialhoheit) und die sich dort aufhaltenden „Leute" (Personalhoheit); sie kommt insbesondere in der Fähigkeit zum Ausdruck, einseitig verbindliche Regelungen zu erlassen und diese erforderlichenfalls zwangsweise durchzusetzen (Degenhart 2015; Maurer 2010; Sodan und Ziekow 2016).

Diese drei Kriterien liegen sowohl in Bezug auf den Bund (vgl. die Präambel des GG und dessen Art. 20 Abs. 2, Art. 116 Abs. 1 i. V. m. dem Staatsangehörigkeitsgesetz, StAG) als auch jedes einzelne der 16 deutschen Bundesländer vor (Sodan und Ziekow 2016). Sowohl der **Bund** als auch die **Länder** besitzen daher jeweils Staatsqualität (BVerfGE 36, 342 [360 f.]). Letztere verfügen als bloße Gliedstaaten im föderalen Staatsaufbau Deutschlands (Abschn. 2.1.4) allerdings nur in dem ihnen durch die Verfassung des Zentralstaats zugewiesenen Maß über staatliche Befugnisse (Abschn. 2.3.1.1 und 2.3.2), weshalb sie nicht souverän sind (Degenhart 2015; Maurer 2010).

1.2   Verfassung

Verfassung auf Bundesebene ist das *Grundgesetz* für die Bundesrepublik Deutschland (GG) (Papier und Krönke 2015). Wenngleich es sich auch hierbei um ein „Gesetz" handelt, so zeichnet es sich im Vergleich zu den übrigen nationalen Rechtsnormen neben seinem besonderen Regelungsgegenstand (Etablierung der rechtlichen „Grund"-Ordnung des deutschen Staates) und dem daraus notwendiger Weise resultierenden sehr hohen Abstraktionsniveau (z. B. Art. 20 Abs. 1 GG: „Die Bundesrepublik Deutschland ist ein […] sozialer […]Staat" Abschn. 2.1.5) doch v. a. durch seine erschwerte Abänderbarkeit (Abschn. 1.2.1) sowie seinen Vorrang vor allen übrigen innerstaatlichen Rechtsakten (Abschn. 1.2.2) aus, sog. Autorität der Verfassung (Gröpl 2015; Maurer 2010; Papier und Krönke 2015). Nur durch diese beiden Eigenschaften vermag das GG seine primäre Verfassungsfunktion, nämlich staatliche Herrschaft nicht nur zu legitimieren (Abschn. 2.1.1), sondern auch zu disziplinieren (Abschn. 2.1.3), zu erfüllen (Morlok und Michael 2015). Insoweit kommt ihm zugleich eine hohe Bedeutung für die Politik zu, begrenzt es doch in verbindlicher Weise deren Gestaltungsmöglichkeiten (Maurer 2010; Morlok und Michael 2015; Papier und Krönke 2015). I. d. S. ist Verfassungsrecht „politisches Recht" (Degenhart 2015).

1.2.1 Erschwerte Abänderbarkeit der Verfassung

Die vom Volk als Inhaber der verfassungsgebenden Gewalt (*pouvoir constituant*, s. die Präambel des GG und dessen Art. 144; vgl. ferner Art. 146 GG) erlassene Verfassung kann von der durch diese konstituierten („verfassten") Gewalt (*pouvoir constitué*) nur unter erschwerten Bedingungen abgeändert werden (Papier und Krönke 2015). Dies deshalb, weil einerseits zwar durchaus das Bedürfnis nach einer Anpassungsmöglichkeit der Verfassung an veränderte Verhältnisse und neue Erkenntnisse besteht (seit Inkrafttreten des GG mit Ablauf des 23. Mai 1949 wurde es bislang schon 60 Mal geändert), sie als rechtliche Grundlage des gesamten Staatslebens (Abschn. 1.2) andererseits aber auch einer gewissen Stabilität und Kontinuität bedarf (Maurer 2010). Art. 79 GG stellt daher die drei nachfolgend genannten besonderen Anforderungen an eine *Verfassungsänderung*. Im Übrigen sind für eine solche die auch sonst für die (Bundes-)Gesetzgebung geltenden Vorschriften betreffend die Zuständigkeit, das Verfahren und die Form maßgebend (Abschn. 2.3.1) (Maurer 2010).

- In formeller Hinsicht
  - kann das GG nach Art. 79 Abs. 1 S. 1 GG grundsätzlich nur durch ein Gesetz geändert werden, das den Wortlaut des GG ausdrücklich ändert oder ergänzt (Ausnahme: Art. 23 Abs. 1 S. 3 GG). Dieses **Textänderungsgebot** richtet sich gegen die unter der Weimarer Reichsverfassung (WRV) noch für möglich erachteten Verfassungsdurchbrechungen, d. h. den Erlass von in Widerspruch zur Verfassung stehenden Gesetzen mit verfassungsändernder Mehrheit, ohne dass zugleich der betreffende Verfassungstext geändert wurde (Ipsen 2015; Maurer 2010);
  - bedarf gem. Art. 79 Abs. 2 ein Gesetz, welches das GG ändert, der Zustimmung von $^2/_3$ der Mitglieder des Bundestags, d. h. der nach § 1 Abs. 1 S. 1 i. V. m. §§ 6, 44 ff. BWahlG zu ermittelnden **Mehrheit** von dessen gesetzlicher Mitgliederzahl (Art. 121 GG, s. Abschn. 2.2.1), und $^2/_3$ der Stimmen des Bundesrats (Abschn. 2.2.2), sog. qualifizierte Mehrheit. Durch diese erhöhten Voraussetzungen sollen Verfassungsänderungen auf eine breite Basis gestellt – in Abhängigkeit von den jeweiligen Mehrheitsverhältnissen: typischerweise unter Einbindung der Opposition – und die Bestandsfestigkeit der Verfassung dem Zugriff von lediglich einfachen und als solchen mehr oder wenig häufig wechselnden Mehrheiten entzogen werden (Maurer 2010). Ansonsten ist für einen Beschluss des Bundestags i. d. R. hingegen nur die (einfache) Mehrheit der abgegebenen (!) Stimmen erforderlich (Art. 42

Abs. 2 S. 1 GG, s. Abschn. 2.2.1) und fasst nach Art. 52 Abs. 3 S. 1 GG der Bundesrat seine Beschlüsse mit mindestens der (absoluten) Mehrheit seiner Stimmen (Abschn. 2.2.2).

- In materieller Hinsicht bestimmt Art. 79 Abs. 3 GG, dass eine Änderung des GG, durch welche die Gliederung des Bundes in Länder (Abschn. 2.1.4), die grundsätzliche Mitwirkung der Länder bei der Gesetzgebung (Abschn. 2.3.1) oder die in den Art. 1 „und" (nicht: „bis") 20 GG niedergelegten Grundsätze (Abschn. 2.1) berührt werden, unzulässig ist. Durch diese *Ewigkeitsgarantie* werden vor dem Hintergrund des nach damaliger Verfassungslage legalen („Ermächtigungs-")Gesetzes zur Behebung der Not von Volk und Reich vom 24.3.1933 die vorgenannten Grundstrukturen der Verfassung, auf denen ihre Identität beruht (BVerfGE 37, 271 [279]), der Disposition sogar des verfassungsändernden Gesetzgebers entzogen (Maurer 2010). Letzteres gilt trotz Fehlens einer entsprechenden expliziten Regelung im GG nach h. M. auch für Art. 79 Abs. 3 GG selbst (Ipsen 2015). Ein gegen diese Bestimmung verstoßendes Gesetz ist als verfassungswidriges Verfassungsrecht nichtig (Papier und Krönke 2015).

Auch die Entscheidung über eine Aufgabe der völkerrechtlichen Souveränität Deutschlands (Eigenstaatlichkeit) durch Umbildung zu einem Gliedstaat eines **europäischen Bundesstaates** („Identitätswechsel"), d. h. die damit einhergehende Ablösung des GG, ist allein der verfassungsgebenden Gewalt, der „freien Entscheidung" des „deutschen Volke[s]" i. S. v. Art. 146 GG, vorbehalten (BVerfGE 123, 267 [331 f.]). Die verfasste Staatsgewalt wäre zu einem solchen Schritt hingegen nicht berechtigt, s. Art. 23 Abs. 1 S. 3 i. V. m. Art. 79 Abs. 3 GG (BVerfGE a. a. O., S. 347 f.).

1.2.2 Vorrang der Verfassung

Als Verfassung auf Bundesebene (Abschn. 1.2) steht das GG an der Spitze der deutschen Rechtsordnung (Wienbracke 2013a). Alle anderen nationalen Rechtsnormen („einfache [Parlaments-]Gesetze" sowie „untergesetzliche Normen" wie Rechtsverordnungen, Satzungen etc.) und sonstige Rechtsakte (z. B. Gerichtsurteile, Verwaltungsakte) gehen daher dem GG im Rang nach (Papier und Krönke 2015; Sodan und Ziekow 2016). Diese *Normenhierarchie* ergibt sich aus Art. 20 Abs. 3 GG, wonach die Gesetzgebung (Abschn. 2.3.1) an die „verfassungsmäßige Ordnung", d. h. das GG, und die vollziehende Gewalt und die Rechtsprechung jeweils an „Gesetz und Recht" (inkl. des GG) gebunden sind (Abschn. 2.1.3); ferner s. Art. 1

Abs. 3 und Art. 97 Abs. 1 GG (Abschn. 2.3.3) (Jarass und Pieroth 2016; Wienbracke 2015). M. a. W.: Sämtliche innerstaatlichen Rechtsnormen und -akte müssen in Einklang mit dem GG stehen (Maurer 2010). Soweit das nicht der Fall ist, sind sie jeweils (verfassungs-)rechtswidrig (Degenhart 2015). Für Erstere hat dies nach dem *lex superior*-Grundsatz regelmäßig deren Nichtigkeit (s. z. B. Art. 31 GG; Geltungsvorrang der höher- vor der niederrangigen Vorschrift) und für Letztere ihre Aufhebbarkeit (z. B. nach § 113 Abs. 1 S. 1 VwGO) zur Konsequenz (Gröpl 2015; Maurer 2010; Morlok und Michael 2015).

Staatsstrukturprinzipien, Staatsorgane und Staatsfunktionen

2.1 Staatsstrukturprinzipien

Gem. Art. 20 Abs. 1 GG ist die Bundes**republik** Deutschland ein **demokratischer** und **sozialer Bundesstaat.** Zusammen mit Art. 20 Abs. 3 GG, aus dem das **Rechtsstaatsprinzip** folgt (ferner s. Art. 1 Abs. 3, Art. 20 Abs. 2 S. 2, Art. 23 Abs. 1 S. 1 und Art. 28 Abs. 1 S. 1 GG), hat der Verfassungsgeber damit fünf Entscheidungen für den Aufbau (die Organisation) des Staates getroffen (Kap. 1) (Sodan und Ziekow 2016).

Diese *Staatsstrukturprinzipien* sind – ebenso wie Art. 1 GG – für die Identität der Bundesrepublik Deutschland von derart grundlegender Bedeutung, dass sie nach Art. 79 Abs. 3 GG zum änderungsfesten Kern des GG gehören (Abschn. 1.2.1) (Papier und Krönke 2015). Sofern diese allgemeinen Prinzipien nicht im GG in besonderen Einzelregelungen eine spezifische Ausprägung erfahren haben (so z. B. das Sozialstaatsprinzip in Art. 14 Abs. 2 GG, s. Abschn. 2.1.5), gelangen sie – bzw. ihre Unterprinzipien (z. B. der aus dem Rechtsstaatsprinzip folgende Verhältnismäßigkeitsgrundsatz, s. Abschn. 2.1.3.3) – bei entsprechend gelagerten Fallgestaltungen als unmittelbar geltendes Verfassungsrecht entweder selbst zur Anwendung oder aber machen der vollziehenden Gewalt und der Rechtsprechung Vorgaben für die Auslegung von anderen GG-Bestimmungen (z. B. das Demokratieprinzip für den Kreis der nach Art. 38 Abs. 1 S. 1 GG Wahlberechtigten, s. Abschn. 2.2.1) und Gesetzen (z. B. keine Anmeldepflicht nach § 14 Abs. 1 VersammlG bei einer Spontanversammlung wegen Art. 8 Abs. 1 GG; verfassungskonforme Auslegung) (Gröpl 2015; Maurer 2010; Papier und Krönke 2015; Wienbracke 2013b).

Nach dem *Homogenitätsgebot* des Art. 28 Abs. 1 S. 1 GG muss auch die verfassungsmäßige Ordnung in den Ländern den Grundsätzen des republikanischen,

© Springer Fachmedien Wiesbaden GmbH 2017
M. Wienbracke, *Staatsorganisationsrecht,* essentials,
DOI 10.1007/978-3-658-17199-5_2

demokratischen und sozialen Rechtsstaates i. S. d. GG entsprechen. Durch diese teilweise Einschränkung der Verfassungsautonomie der Länder, die diesen aufgrund ihrer Staatsqualität grundsätzlich zukommt (Abschn. 1.1), soll das für das Funktionieren eines Bundesstaats (Abschn. 2.1.4) unerlässliche Mindestmaß an struktureller Homogenität zwischen Gesamtstaat und Gliedstaaten hergestellt werden (BVerfGE 90, 60 [84]). Gebunden sind die Länder nach Art. 28 Abs. 1 GG freilich nur an die „Grundsätze" der in dieser Vorschrift genannten Staatsstruktur- und Staatszielbestimmungen (Abschn. 2.1). Deren konkreten Ausgestaltungen im GG (z. B. prinzipielles Verbot von Volksabstimmungen auf Bundesebene, s. Abschn. 2.1.1) sind für die Landesverfassungen hingegen nicht verbindlich (keine Uniformität) (BVerfG, a. a. O., S. 85).

Schließlich ist nach Art. 23 Abs. 1 S. 1 GG Voraussetzung für die Mitwirkung Deutschlands an einem vereinten Europa, dass die *EU* ihrerseits demokratischen, rechtsstaatlichen, sozialen und föderativen Grundsätzen verpflichtet ist (dazu s. Art. 2 S. 1 EUV).

2.1.1 Demokratie

Wenn sich das GG in seinem Art. 20 Abs. 1 GG zur *„Demokratie"* bekennt, so ist damit nicht eine irgendwie geartete „Herrschaft des Volkes" – im Gegensatz v. a. zur Alleinherrschaft eines Monarchen – gemeint (z. B. i. S. e. bestimmten Demokratietheorie oder nach dem Vorbild eines anderen Staates), sondern die durch das GG in seinen einzelnen Vorschriften verfasste, vgl. auch dessen Art. 28 Abs. 1 S. 1: „Grundsätzen des [...] demokratischen [...] Rechtsstaates *im Sinne dieses Grundgesetzes*" (Ipsen 2015; Maurer 2010; Papier und Krönke 2015). Zu den damit angesprochenen Normen gehören neben Art. 20 Abs. 2 GG insbesondere Art. 21 und Art. 38 ff. GG (Abschn. 2.2.1, dort auch zum Mehrheitsprinzip) (Sodan und Ziekow 2016). Lediglich im Übrigen lässt der spezifisch grundgesetzliche Demokratiebegriff gewisse Interpretationsspielräume zu (Morlok und Michael 2015).

Nach Art. 20 Abs. 2 S. 1 GG geht alle Staatsgewalt allein vom Volk – und nicht etwa einer „höheren Macht" (z. B. „von Gottes Gnaden") – aus (Gröpl 2015; Morlok und Michael 2015). Diese *Volkssouveränität* ist Ausgangspunkt und zugleich oberste Direktive des Demokratieprinzips (Gröpl 2015). Dabei bedeutet „Staatsgewalt" i. S. v. Art. 20 Abs. 2 S. 1 GG jedenfalls alles amtliche Handeln mit Entscheidungscharakter und meint *„Volk"* allein das „deutsche Volk", worunter wiederum alle deutschen Staatsangehörigen (dazu s. das StAG) sowie die ihnen nach Art. 116 Abs. 1 GG gleichgestellten Personen zu verstehen sind (BVerfG 83, 37 [51 f.], 107, 59 [87]).

Wenngleich das Volk nach dem Vorstehenden **Träger** der **Staatsgewalt** (Abschn. 1.1) ist, so wäre es dennoch gleichsam naiv wie utopisch anzunehmen, dass es auch dazu in der Lage wäre, über sämtliche der sich in der heutigen Gesellschaft stellenden Probleme von häufig hoher Komplexität selbst eine Entscheidung zu treffen und diese sodann umzusetzen (Gröpl 2015; Morlok und Michael 2015). Dementsprechend bestimmt Art. 20 Abs. 2 S. 2 GG, dass die Staatsgewalt durch „besondere Organe" **ausgeübt** wird, welche das Volk repräsentieren (mittelbare bzw. *indirekte Demokratie*) und ihre Legitimation hierzu von diesem durch „Wahlen" entsprechender Personen erhalten (Gröpl 2015). Demgegenüber findet die Ausübung der Staatsgewalt unmittelbar durch das Volk in Form der in Art. 20 Abs. 2 S. 2 GG zudem noch erwähnten „Abstimmungen" als Instrument der *direkten Demokratie* im GG allein in dessen Art. 29, Art. 118, Art. 118a und Art. 146 betreffend die Neugliederung des Bundesgebiets bzw. den Erlass einer neuen Bundesverfassung Erwähnung (Sodan und Ziekow 2016). Darüber hinaus lässt dieses in seiner gegenwärtigen Fassung plebiszitäre Elemente auf Bundesebene nach h. M. dagegen nicht zu – wie namentlich den rechtsverbindlichen *Volksentscheid* über eine bestimmte Sachfrage (bzw. ein entsprechendes Gesetz, sog. Referendum), das auf die Herbeiführung einer *Volksabstimmung* gerichtete *Volksbegehren,* die auf die Erreichung einer Parlamentsentscheidung abzielende *Volksinitiative* und aufgrund des von dieser trotz fehlender Rechtsverbindlichkeit ausgehenden hohen faktischen politischen Drucks ebenfalls eine offizielle *Volksbefragung* (str.), vgl. ferner Art. 76 ff. GG (Maurer 2010).

Alle für das Gemeinwesen wesentlichen Entscheidungen muss das unmittelbar demokratisch legitimierte Parlament in den von ihm erlassenen Gesetzen (im formellen Sinn, s. Abschn. 2.3.1) selbst treffen *(Wesentlichkeitstheorie)* und darf diese nicht auf andere Normgeber – namentlich im Wege der Verordnungs- (z. B. Art. 80 Abs. 1 S. 1 GG, s. Abschn. 2.3.1) oder Satzungsermächtigung – delegieren (Wienbracke 2013b). Dieser *Parlamentsvorbehalt* ist ebenfalls Ausfluss des Demokratieprinzips (Wienbracke 2013b). Insbesondere dann, wenn ein grundrechtsrelevantes Verwaltungshandeln (z. B. Steuerbescheid) auf eine Ermächtigungsgrundlage gestützt wird, die in einem Gesetz nur im materiellen Sinn enthalten ist (z. B. kommunale Steuersatzung, s. Abschn. 2.3.1), muss diese daher ihrerseits auf ein formelles Gesetz (z. B. KAG NRW) rückführbar sein (Wienbracke 2014, 2015). In seiner Reichweite begrenzt wird der Parlamentsvorbehalt durch die Kompetenzen der anderen obersten Staatsorgane (kein „totaler Parlamentsvorbehalt", s. Abschn. 2.3) (Gröpl 2015; Papier und Krönke 2015).

2.1.2 Republik

Während sich aus dem Bekenntnis des GG zur Demokratie ergibt, dass Träger der Staatsgewalt das Volk ist (Abschn. 2.1.1), betrifft die bereits aus der entsprechenden Festlegung des Staatsnamens in Art. 20 Abs. 1 GG folgende Staatsform der *Republik* die Frage der formellen Repräsentation des Staates (Gröpl 2015; Maurer 2010). Die Entscheidung des Verfassungsgebers für diese ist im Gegensatz zur Monarchie zu sehen, in der das Staatsoberhaupt (z. B. König) nicht durch Wahl, sondern einzig nach familien- und erbrechtlichen Regeln (dynastische Kriterien), bestimmt wird und diese Position auch nicht nur zeitlich begrenzt, sondern vielmehr auf Lebenszeit, innehat (Maurer 2010; Sodan und Ziekow 2016). Staatsoberhaupt der Bundesrepublik Deutschland ist der von der Bundesversammlung gewählte Bundespräsident, dessen Amtszeit fünf Jahre dauert, s. Art. 54 Abs. 1, 2 GG (Abschn. 2.2.4).

2.1.3 Rechtsstaat

Ebenso wie beim Demokratieprinzip (Abschn. 2.1.1) handelt es sich auch beim *Rechtsstaatsprinzip* um einen anhand des GG zu konkretisierenden Verfassungsgrundsatz (Maurer 2010; BVerfGE 7, 89 [92 f.]). Systematisieren lassen sich dessen geschriebenen (z. B. Art. 19 Abs. 4, Art. 34, Art. 101 ff. GG Abschn. 2.3.3) und ungeschriebenen Elemente, von denen die wichtigsten nachstehend dargestellt werden (zur Gewaltenteilung, s. Abschn. 2.3), durch Zuordnung zu einer der beiden folgenden Kategorien: **Im formellen Sinn** bedeutet Rechtsstaat – im Gegensatz zur Willkürherrschaft eines Despoten –, dass der Staat bei seiner Tätigkeit überhaupt an das geschriebene Recht (die Gesetze) gebunden ist (Morlok und Michael 2015; Papier und Krönke 2015). Dass dieses nach modernem Verständnis zugleich gewissen inhaltlichen Anforderungen entsprechen muss (v. a. den Grundrechten), ist ein Gebot der Rechtsstaatlichkeit **im materiellen Sinn** (kein Unrechtsstaat) (Maurer 2010; Papier und Krönke 2015).

2.1.3.1 Gesetzmäßigkeit der Verwaltung

Nach Art. 20 Abs. 3 GG ist die Gesetzgebung (Abschn. 2.3.1) an die verfassungsmäßige Ordnung (Vorrang der Verfassung, s. Abschn. 1.2.2) und sind die vollziehende Gewalt (Abschn. 2.3.2) und die Rechtsprechung (Abschn. 2.3.3) an Gesetz und Recht gebunden, vgl. ferner Art. 1 Abs. 3, Art. 97 Abs. 1 GG. Aus diesem allgemeinen Prinzip der *Gesetzmäßigkeit* u. a. **der** *Verwaltung* folgen wiederum konkret der Grundsatz vom Vorbehalt des Gesetzes und derjenige vom *Vorrang des Gesetzes* (Wienbracke 2015). Letzterer gilt ausnahmslos für jedwede Tätigkeit der Verwaltung und besagt, dass diese *„nicht gegen"* das Gesetz verstoßen darf, d. h. sie muss die bestehenden Gesetze anwenden (Anwendungsgebot) und darf nicht von diesen abweichen (Abweichungsverbot) (Wienbracke 2015). „Gesetz" i. d. S. sind sowohl Gesetze im formellen Sinn als auch solche Gesetze im materiellen Sinn (Abschn. 2.3.1) (Wienbracke 2015). Je nach Handlungsform der Verwaltung und Schwere der Rechtsverletzung führt ein Verstoß gegen den Grundsatz vom Vorrang des Gesetzes zumindest zur Rechtswidrigkeit (vgl. § 59 Abs. 2 Nr. 2 VwVfG) – und damit zur Aufhebbarkeit (vgl. § 48 Abs. 1 S. 1 VwVfG, § 68 Abs. 1 S. 1 VwGO, § 113 Abs. 1 S. 1 VwGO) –, mitunter sogar zur Nichtigkeit (§ 44 Abs. 1, 2 VwVfG) der betreffenden Verwaltungsmaßnahme (z. B. Verwaltungsakt) (Wienbracke 2015).

Nach dem beispielsweise in Art. 2 Abs. 2 S. 3 GG verfassungsrechtlich und in § 31 SGB I einfachgesetzlich positivierten Grundsatz vom *Vorbehalt des Gesetzes* dürfen insbesondere belastende Maßnahmen im Rahmen der Eingriffsverwaltung (v. a. Grundrechtseingriffe) *„nicht ohne"* eine wirksame und anwendbare gesetzliche Ermächtigungsgrundlage ergehen (Wienbracke 2015). Handelt es sich bei dieser um ein Gesetz nur im materiellen Sinn (Abschn. 2.3.1), so muss dieses seinerseits auf ein formelles Gesetz rückführbar sein (Abschn. 2.1.1) (Wienbracke 2015). Demgegenüber reicht es im Bereich der Leistungsverwaltung (z. B. Subventionsrecht) nach h. M. aus, wenn sich das „Ob" der Verwendung staatlicher Mittel für bestimmte Zwecke aus dem jeweiligen Haushaltsplan ergibt und das „Wie" der Leistungsgewährung lediglich in einer Verwaltungsvorschrift geregelt ist (kein „Totalvorbehalt") (Wienbracke 2015). Eine unter Verstoß gegen den Grundsatz vom Vorbehalt des Gesetzes ergangene Verwaltungsmaßnahme ist grundsätzlich rechtswidrig (vgl.o.) (Wienbracke 2015). Nur ganz ausnahmsweise ist die Existenz einer wirksamen gesetzlichen Ermächtigungsgrundlage für einen Übergangszeitraum bis zu deren Schaffung verzichtbar, wenn die andernfalls eintretende Funktionsunfähigkeit staatlicher Einrichtungen der verfassungsmäßigen Ordnung noch ferner stünde als der bisherige Zustand (Wienbracke 2015).

2.1.3.2 Rechtssicherheit

Weiteres, trotz fehlender ausdrücklicher Erwähnung im GG wesentliches Element des Rechtsstaatsprinzips ist die *Rechtssicherheit* (Maurer 2010; BVerfGE 126, 286 [313]). Damit das Recht seine Funktion, das Verhalten namentlich des Bürgers zu steuern, zu erfüllen vermag, muss dieser die Rechtslage nicht nur so konkret erkennen können, dass er sein Verhalten danach auszurichten vermag, sondern diese auch beständig sein (Gröpl 2015; Maurer 2010; BVerfGE 83, 130

[145]). Von den vielfältigen Ausprägungen der Rechtssicherheit sind daher speziell für den Gesetzgeber das Gebot der Normenbestimmtheit (Abschn. 2.1.3.2.1), die Widerspruchsfreiheit der Rechtsordnung (Abschn. 2.1.3.2.2) sowie das grundsätzliche Verbot rückwirkender belastender Gesetze (Abschn. 2.1.3.2.3) relevant (Sodan und Ziekow 2016).

2.1.3.2.1 Bestimmtheitsgebot

Aufgrund seiner Zielrichtung, Eingriffe der öffentlichen Gewalt für den Bürger möglichst berechenbar zu machen, ist dem Grundsatz der Gesetzmäßigkeit der Verwaltung (Abschn. 2.1.3.1) nicht bereits durch den Erlass irgendeines – ggf. bloß vagen – Gesetzes Genüge getan („Gummiparagraph"), sondern vielmehr erst durch Schaffung einer in Tatbestand und Rechtsfolge nach Inhalt, Zweck und Ausmaß inhaltlich hinreichend bestimmten gesetzlichen Ermächtigungsgrundlage (Morlok und Michael 2015; Papier und Krönke 2015; BVerfGE 8, 274 [325]). Mit diesem aus dem Rechtsstaatsprinzip folgenden allgemeinen *Bestimmtheitsgebot,* welches in Art. 80 Abs. 1 S. 2 und Art. 103 Abs. 2 GG für Ermächtigungen zum Erlass von Rechtsverordnungen bzw. für Strafnormen spezielle Ausprägungen erfahren hat, durchaus vereinbar sind allerdings neben Verweisungsnormen (z. B. § 12 Abs. 1 KAG NRW: „Auf Kommunalabgaben sind die folgenden Bestimmungen der Abgabenordnung in der jeweiligen Fassung entsprechend anzuwenden […]") auch unbestimmte Rechtsbegriffe (z. B. § 35 Abs. 1 S. 1 GewO: „Unzuverlässigkeit"), Ermessensvorschriften (z. B. § 48 Abs. 1 S. 1 VwVfG: „Ein rechtswidriger Verwaltungsakt kann […] zurückgenommen werden") und Generalklauseln (z. B. § 8 Abs. 1 PolG NRW: „Die Polizei kann die notwendigen Maßnahmen treffen, um eine im einzelnen Falle bestehende […] Gefahr für die öffentliche Sicherheit oder Ordnung […] abzuwehren") – vorausgesetzt, ihr jeweiliger Regelungsinhalt lässt sich mit Hilfe der anerkannten juristischen Auslegungskriterien ermitteln (Gröpl 2015; Wienbracke 2013a; Wienbracke 2013b).

Ergänzt wird das Gebot der Normenbestimmtheit und -klarheit durch dasjenige der *Normenwahrheit* (BVerfGE 107, 1 [20]). Diesem zufolge darf der Gesetzgeber den wirklichen Regelungsgehalt des von ihm jeweils erlassenen Gesetzes nicht „verschleiern" (BVerfGE 118, 277 [366]). „An dem erkennbaren Inhalt getroffener Regelungen muss der Gesetzgeber sich festhalten lassen und der Gesetzesvollzug sich ausrichten können, denn Rechtsnormen dürfen nicht zum Mittel der Desinformation über das politisch Entschiedene und zu Verantwortende werden" (BVerfGE 132, 334 [350]).

2.1.3.2.2 Widerspruchsfreiheit der Rechtsordnung

Dass sämtliche Rechtsnormen isoliert für sich betrachtet inhaltlich bestimmt genug abgefasst sind (Abschn. 2.1.3.2.1), ist allerdings nur eine notwendige, nicht hingegen auch eine hinreichende Voraussetzung dafür, um seitens des Gesetzgebers Rechtssicherheit zu gewährleisten (Morlok und Michael 2015). Rechtsunsicherheit entsteht nämlich ebenfalls dann, wenn die **Rechtsordnung,** in der sich die einzelnen („bestimmten") Rechtsnormen befinden, insgesamt keine in sich stimmige **Einheit** bildet (s. z. B. einerseits Art. 21 Abs. 1 S. 2 der Verfassung des Landes Hessen: „Bei besonders schweren Verbrechen kann [...] zum Tode verurteilt werden" und andererseits Art. 102 GG: „Die Todesstrafe ist abgeschafft"; Abschn. 2.1.4) (Maurer 2010; Sodan und Ziekow 2016). „Das Rechtsstaatsprinzip verpflichtet [daher] alle rechtsetzenden Organe des Bundes und der Länder, die Regelungen jeweils so aufeinander abzustimmen, daß den Normadressaten nicht gegenläufige Regelungen erreichen, die die Rechtsordnung widersprüchlich machen. Welche der einen Widerspruch begründenden Regelungen zu weichen hat, bestimmt sich grundsätzlich nach dem Rang, der Zeitenfolge und der Spezialität der Regelungen" (BVerfGE 98, 106 [118 f.]), d. h. nach dem *lex superior-,* dem *lex posterior-* und dem *lex specialis*-Grundsatz (Wienbracke 2013a). Als im Hinblick auf das Gebot der *Widerspruchsfreiheit der Rechtsordnung* „verdächtige" Rechtsbereiche werden häufig das Steuer- und Sozialrecht genannt (Degenhart 2015).

2.1.3.2.3 Rückwirkungsverbot

Gem. Art. 103 Abs. 2 GG kann eine Tat nur dann bestraft werden, wenn die Strafbarkeit gesetzlich bestimmt war, bevor die Tat begangen wurde (ebenso § 1 StGB; vgl. auch Art. 7 Abs. 1 EMRK). Im Umkehrschluss aus der ausdrücklichen Anordnung dieses absoluten *Rückwirkungsverbots* allein für Strafgesetze folgt, dass rückwirkende belastende Gesetze im Übrigen nicht schlechthin verfassungswidrig sind (Sodan und Ziekow 2016; BVerfGE 30, 367 [385]). Sie bedürfen jedoch einer besonderen Rechtfertigung (BVerfGE 132, 302 [317]). Insoweit unterscheidet das BVerfG in st. Rspr. zwischen Gesetzen einerseits mit echter und andererseits mit unechter Rückwirkung (BVerfGE 135, 1 [13]):

- „Eine Rechtsnorm entfaltet *,echte'* [retroaktive] *Rückwirkung,* wenn sie nachträglich in einen abgeschlossenen Sachverhalt ändernd eingreift. Dies ist insbesondere der Fall, wenn ihre Rechtsfolge mit belastender Wirkung schon vor dem Zeitpunkt ihrer Verkündung für bereits abgeschlossene Tatbestände gelten soll (‚**Rückbewirkung von Rechtsfolgen**'). Normen mit echter Rückwirkung sind **grundsätzlich** verfassungsrechtlich **unzulässig**" (BVerfGE 135, 1 [21]).

- „Eine *unechte* [retrospektive] *Rückwirkung* liegt vor, wenn eine Norm auf gegenwärtige, noch nicht abgeschlossene Sachverhalte und Rechtsbeziehungen für die Zukunft einwirkt und damit zugleich die betroffene Rechtsposition entwertet, so wenn belastende Rechtsfolgen einer Norm erst nach ihrer Verkündung eintreten, tatbestandlich aber von einem bereits ins Werk gesetzten Sachverhalt ausgelöst werden (‚**tatbestandliche Rückanknüpfung**'). Sie ist grundsätzlich zulässig. Allerdings können sich aus dem Grundsatz des Vertrauensschutzes und dem Verhältnismäßigkeitsprinzip (Abschn. 2.1.3.3) Grenzen der Zulässigkeit ergeben" (BVerfGE 109, 133 [187]).

2.1.3.3 Verhältnismäßigkeitsgrundsatz

Die für die Praxis mit Abstand wichtigste Ausprägung des Rechtsstaatsprinzips ist der *Verhältnismäßigkeitsgrundsatz* (synonym: Übermaßverbot) (Wienbracke 2013b). Aufgrund seiner verfassungsrechtlichen Verankerung ist er im Staat-Bürger-Verhältnis stets, d. h. auch dann zu beachten, wenn es an einer entsprechenden Anordnung im jeweils einschlägigen Gesetz – ebenso wie im GG – fehlt (s. aber z. B. § 15 BPolG; auf *EU*-Ebene s. Art. 5 Abs. 1 S. 2, Abs. 4 EUV und Art. 52 Abs. 1 S. 2 EU-GrCh) (Wienbracke 2013b). Er besagt, dass das staatlicherseits eingesetzte, als solche legitime **Mittel** zur Erreichung des mit diesem verfolgten, für sich legitimen **Ziels** 1) geeignet, 2) erforderlich und 3) angemessen sein muss (Wienbracke 2015). Während verfassungsrechtliche Mittel- und Zielverbote für den Gesetzgeber relativ selten sind (s. aber z. B. Art. 5 Abs. 1 S. 3 bzw. Art. 3 Abs. 2 GG), sind Verwaltung und Rechtsprechung an die diesbezüglichen gesetzlichen Vorgaben gebunden, s. Art. 20 Abs. 3 GG (Abschn. 2.1.3.1) (Wienbracke 2013b).

Geeignet ist ein Mittel zur Erreichung des mit ihm verfolgten Ziels dann, wenn es dieses fördert (Wienbracke 2015). Der Gesetzgeber verfügt insoweit über einen Einschätzungs- und Prognosevorrang (Wienbracke 2013b).

Das Mittel ist zur Zielerreichung **erforderlich**, wenn es 1) kein anderes, milderes (Alternativ-)Mittel gibt, das 2) ebenso geeignet ist wie das tatsächlich eingesetzte Mittel (Wienbracke 2015).

Schließlich ist das Mittel zur Erreichung des Ziels **angemessen** (synonym: proportional, verhältnismäßig i. e. S., zumutbar), wenn seine Auswirkungen für den Betroffenen nicht außer Verhältnis stehen zu den sich hieraus für die Allgemeinheit ergebenden Vorteilen (Wienbracke 2015). Um dies beurteilen zu können, sind in einem ersten Schritt die sich gegenüberstehenden Rechtspositionen zu benennen (Wienbracke 2013b). Sodann sind diese in einem zweiten Schritt gegeneinander abzuwägen (Wienbracke 2013b). Hierzu wiederum ist zunächst ihr jeweiliges abstraktes Gewicht zu ermitteln (z. B. Grundrecht, Staatszielbestimmung Abschn. 2.1.6) (Wienbracke 2013b). Im Anschluss daran erfolgt schließlich eine Gegenüberstellung der konkreten Gefährdungsintensität für das zu schützen gesuchte Rechtsgut einerseits und der Schwere der Beeinträchtigung der Rechtsposition des Einzelnen andererseits (Wienbracke 2013b).

2.1.4 Bundesstaat

Das ebenso wie das Republikprinzip bereits im Staatsnamen zum Ausdruck kommende und in Art. 20 Abs. 1 GG a. E. nochmals ausdrücklich genannte (vgl. ferner die Präambel und die Überschrift von Abschnitt II des GG), von Art. 79 Abs. 3 GG (Abschn. 1.2.1) gleich dreifach geschützte bundestaatliche Prinzip besagt, dass es sich bei der Bundesrepublik Deutschland um einen Zusammenschluss mehrerer Gliedstaaten (der aktuell 16 Bundesländer) zu einem Gesamtstaat (dem Bund) handelt, wobei jedem einzelnen von diesen Staatsqualität zukommt (Abschn. 1.1) (Degenhart 2015; Maurer 2010). Darin unterscheidet sich der im Jahr 1949 v. a. aus Gründen der Machtbegrenzung (vertikale Gewaltenteilung, s. Abschn. 2.3) geschaffene, zweigliedrige deutsche *Bundesstaat* vom **Einheits- bzw. Zentralstaat** (wie z. B. Frankreich; nur dieser ist „Staat", nicht aber auch dessen unselbständige Untergliederungen), vom **Staatenbund** (z. B. Deutscher Bund von 1815–1866, der im Gegensatz zu den in ihm völkerrechtlich zusammengeschlossenen Einzelstaaten trotz eigener Aufgaben und Organe kein eigener Staat war) und von supranationalen Einrichtungen wie dem **Staatenverbund** „*EU*", der von den Mitgliedstaaten zwar Hoheitsrechte übertragen wurden (vgl. Art. 23 Abs. 1 S. 2 GG, Art. 5 Abs. 1 S. 1, Abs. 2 S. 1 EUV), die aber selbst (noch) kein (Bundes-)Staat ist (Gröpl 2015; Sodan und Ziekow 2016). Als allgemeines Prinzip ist auch auf die Staatsstrukturbestimmung „Bundesstaat" nur dann zurückzugreifen, soweit diese im GG nicht in Spezialregelungen näher konkretisiert ist, so z. B. in Art. 28 Abs. 1 GG (Abschn. 2.1), Art. 28 Abs. 2 GG (kommunale Selbstverwaltung), Art. 29, 118 und 118a GG (Abschn. 2.1.1), im praktisch bislang noch nie relevant gewordenen Art. 37 GG (Bundeszwang), in den Kompetenzverteilungsvorschriften der Art. 30, 70 ff. und 83 ff. GG (Abschn. 2.3.1 f.), den Vorschriften betreffend die Mitwirkung der Länder bei der Gesetzgebung des Bundes (Abschn. 2.3.1.2) sowie den Art. 104a ff. GG bezüglich der bundesstaatlichen Finanz- und Haushaltsverfassung (Degenhart 2015; Gröpl 2015; Sodan und Ziekow 2016).

Was speziell das **Verhältnis von** kompetenzgemäß (Abschn. 2.3.1.1) erlassenem *Landesrecht* **zu** *Bundesrecht* anbelangt, so „bricht" Letzteres nach Art. 31 GG das Erstere, d. h. bewirkt dessen Ungültigkeit bzw. Unwirksamkeit (Wienbracke 2013a). Voraussetzung für das Eingreifen dieser – unabhängig vom Rang des jeweiligen Bundesrechts (z. B. Rechtsverordnung) und Landesrechts (z. B. Parlamentsgesetz) innerhalb der betreffenden Teilrechtsordnung bestehenden – Rechtsfolge ist, dass die jeweils in Frage stehenden Normen beider Ebenen inhaltlich miteinander kollidieren (Maurer 2010; Jarass und Pieroth 2016). Das ist dann der Fall, wenn beide auf denselben Sachverhalt anwendbar sind und bei ihrer Anwendung zu verschiedenen Ergebnissen führen (BVerfGE 36, 342 [363]). Für den Bereich des Landesverfassungsrechts gehen Art. 28 Abs. 1 GG (Abschn. 2.1) und Art. 142 GG (betreffend das Verhältnis der jeweiligen Landes- zu den Bundesgrundrechten) als Sonderregelungen der allgemeinen Kollisionsregel des Art. 31 GG vor (Gröpl 2015; Wienbracke 2013b). Im Ergebnis besitzt diese daher nur einen beschränkten Anwendungsbereich (Papier und Krönke 2015).

Ungeschriebener, unmittelbar aus dem in Art. 20 Abs. 1 GG verankerten Bundesstaatsprinzip folgender **Grundsatz** ist derjenige des *bundesfreundlichen Verhaltens* (BVerfGE 103, 81 [88]). Dieser gilt für Bund und Länder gleichermaßen und hat die Funktion, diese aufeinander angewiesenen Teile des Bundesstaats unter der gemeinsamen Verfassungsrechtsordnung stärker aneinander zu binden, d.h. ihre jeweiligen „Egoismen" in Grenzen zu halten (BVerfGE 8, 122 [140]; 43, 291 [348]). Für sich allein begründet er freilich keine selbständigen Pflichten des Bundes oder eines Landes, sondern ist vielmehr akzessorischer Natur. (Maurer 2010) „Nur innerhalb eines anderweitig begründeten gesetzlichen oder vertraglichen Rechtsverhältnisses oder einer anderweitig rechtlich begründeten selbständigen Rechtspflicht kann die Regel vom bundesfreundlichen Verhalten Bedeutung gewinnen, indem sie diese anderen Rechte und Pflichten moderiert, variiert oder durch Nebenpflichten ergänzt" (BVerfGE 103, 81 [88]). Bei der Anwendung des ungeschriebenen Grundsatzes bundes- bzw. länderfreundlichen Verhaltens ist allerdings Zurückhaltung geboten, dürfen mit seiner Hilfe die im GG ausdrücklich getroffenen Regelungen doch nicht ausgehebelt werden (Sodan und Ziekow 2016).

2.1.5 Sozialstaat

Das in Art. 20 Abs. 1, Art. 23 Abs. 1 S. 1 und Art. 28 Abs. 1 S. 1 GG jeweils adjektivisch erwähnte *Sozialstaatsprinzip* hat v. a. aufgrund tiefgreifender wirtschafts- und sozialpolitischer Meinungsunterschiede im Parlamentarischen Rat nur in vergleichsweise wenigen Verfassungsbestimmungen eine Konkretisierung erfahren (Art. 3 Abs. 3 S. 2, Art. 6 Abs. 4, Art. 7 Abs. 4 S. 3 Hs. 2 und Art. 14 Abs. 2 GG) und weist daher einen besonders hohen Grad von inhaltlicher Unbestimmtheit auf (Maurer 2010; Sodan und Ziekow 2016). Der von diesem unmittelbar geltenden Staatsstrukturprinzip, das zugleich Staatszielbestimmung ist (Abschn. 2.1.6), nach Art. 20 Abs. 3 GG letztlich primär verpflichtete Gesetzgeber verfügt daher über einen weiten Gestaltungsspielraum, wie er – gestützt auf die Kompetenznormen beispielsweise des Art. 74 Abs. 1 Nr. 7 und 12 GG – seinem Auftrag, für eine gerechte Sozialordnung Sorge zu tragen, nachkommt (z. B. Sicherung des Existenzminimums durch Geld- oder Sachleistungen), wobei sich dieser nicht nur auf den Bereich des namentlich im SGB I bis XII normierten Sozialrechts i. e. S., sondern auf alle Rechtsgebiete bezieht (vgl. denn auch z. B. §§ 556d ff. BGB, § 1 KSchG, § 32a Abs. 1 EStG) (Degenhart 2015; Gröpl 2015; Maurer 2010; BVerfGE 82, 60 [80]; 94, 241 [263]; 103, 271 [288]; 125, 175 [224]). „Angesichts [d]er Weite und Unbestimmtheit [des Sozialstaatsgrundsatzes] läßt sich daraus jedoch regelmäßig kein Gebot entnehmen, soziale Leistungen in einem bestimmten Umfang zu gewähren" (BVerfGE 82, 60 [79 f.]). Vielmehr ist auch der gegenläufige Vorrang der Selbsthilfe Ausfluss des Sozialstaatsprinzips, s. dementsprechend etwa § 2 Abs. 1 SGB XII (Sodan und Ziekow 2016) (BVerfGE 17, 38 [56]).

Begrenzt wird der gesetzgeberische Spielraum durch das GG allerdings nach unten hin durch die aus dem Sozialstaatsprinzip folgende Pflicht des Staates, die Mindestvoraussetzungen für ein menschenwürdiges Dasein seiner Bürger zu schaffen, und nach oben hin durch mit dem Sozialstaatsprinzip kollidierende, gleichrangige Verfassungsbestimmungen (z. B. die Forderung nach Herstellung eines gesamtwirtschaftlichen Gleichgewichts gem. Art. 109 Abs. 2 GG, v. a. aber die Grundrechte Dritter) (Gröpl 2015; BVerfGE 10, 354 [371]; 82, 60 [80]). Jedenfalls die beiden Teilziele **„soziale Sicherheit"** und **„soziale Gerechtigkeit"** gehören – anders als im liberalen „Nachtwächterstaat" des 19. Jahrhunderts der Fall – zu den wesentlichen Inhalten des Sozialstaats i. S. d. GG (Degenhart 2015; Maurer 2010). Während Letztere v. a. durch einen Ausgleich der sozialen Gegensätze (etwa durch Umverteilung der durch einen progressiven Einkommensteuertarif generierten Finanzmittel) und die Herstellung von Chancengleichheit (z. B. beim Zugang zu staatlichen Bildungseinrichtungen i. V. m. Art. 3 Abs. 1 und Art. 12 Abs. 1 GG) gewährleistet wird, gehören zu Ersterem namentlich der Schutz der sozialen Existenz gegen die Wechselfälle des Lebens (wie Arbeitslosigkeit, Krankheit, Alter und Unfall, s. SGB III und V bis VII) und die Sicherung des Existenzminimums (einfachgesetzlich umgesetzt v. a. durch das Sozialhilferecht im SGB XII und die Grundsicherung für Arbeitssuchende im SGB II) (Gröpl

2015; Papier und Krönke 2015; Sodan und Ziekow 2016; BVerfGE 22, 180 [204]; 28, 324 [348]). Als rein objektiver Rechtssatz begründet das Sozialstaatsprinzip selbst freilich keine subjektiven Rechte des Bürgers (Maurer 2010). So ergibt sich dessen Anspruch gegenüber dem Staat beispielsweise auf Gewährleistung eines menschenwürdigen Existenzminimums vielmehr erst aus dem in Art. 1 Abs. 1 GG verankerten Grundrecht der Menschenwürde i. V. m. dem Sozialstaatsgebot des Art. 20 Abs. 1 GG (BVerfGE 125, 175 [222]). „Als Menschenrecht steht dieses Grundrecht deutschen und ausländischen Staatsangehörigen, die sich in der Bundesrepublik Deutschland aufhalten, gleichermaßen zu" (BVerfGE 132, 134 [159]).

2.1.6 Exkurs: Staatsziele

Während die vorgenannten Staatstrukturprinzipien das statische Fundament bilden, auf dem die Staatstätigkeit stattfindet (Abschn. 2.1), wird diese durch die *Staatszielbestimmungen* jeweils in eine bestimmte Richtung gelenkt (Maurer 2010). Derartige in Verfassungsrang erhobene politische Forderungen finden sich im GG beispielsweise in Art. 3 Abs. 2 S. 2 (tatsächliche Durchsetzung der Gleichberechtigung von Frauen und Männern), Art. 20a (Umwelt- und Tierschutz), Art. 23 Abs. 1 S. 1 (Mitwirkung an der *EU*), Art. 24 Abs. 2 und Art. 26 (Friedenspflicht) sowie Art. 109 Abs. 2 (gesamtwirtschaftliches Gleichgewicht); zum Sozialstaatsprinzip, s. Abschn. 2.1.5 (Gröpl 2015; Maurer 2010). Wenngleich auch diese Staatszielbestimmungen rechtlich bindend sind, so bezieht sich diese Wirkung in der Regel doch lediglich auf das nach ihnen jeweils zu erreichende Ziel (Papier und Krönke 2015). Die Wahl des hierzu einzusetzenden Mittels bleibt dagegen dem hierfür nach den allgemeinen Kompetenzregeln (Abschn. 2.3.1 und 2.3.2) zuständigen Staatsorgan überlassen (Abschn. 2.2), welches insoweit über einen weiten Beurteilungs- und Gestaltungsspielraum verfügt (Maurer 2010). Dies gilt insbesondere dann, wenn eine Staatszielbestimmung (z. B. Umweltschutz, Art. 20a GG) mit anderen Verfassungsbestimmungen (z. B. Kunstfreiheit, Art. 5 Abs. 3 GG) in Konflikt gerät (z. B. Errichtung eines überdimensionalen Kunstwerks im Außenbereich) und daher ein möglichst schonender Ausgleich zwischen beiden hergestellt werden muss (Maurer 2010). Subjektive Rechte für den Einzelnen ergeben sich allein aus den Staatszielbestimmungen nicht (Degenhart 2015).

2.2 Staatsorgane

Als juristische Person (des öffentlichen Rechts) ist der Staat selbst nicht handlungsfähig (Papier und Krönke 2015). Vielmehr bedarf er hierfür Organe, die für ihn handeln (Maurer 2010). Oberste *Staatsorgane* des Bundes sind der Bundestag (Abschn. 2.2.1), der Bundesrat (Abschn. 2.2.2), die Bundesregierung (Abschn. 2.2.3), der Bundespräsident (Abschn. 2.2.4) und das Bundesverfassungsgericht (Abschn. 2.2.5). Diese sind bei der Wahrnehmung der ihnen durch das GG zugewiesenen Kompetenzen nach dem ungeschriebenen Grundsatz der *Organtreue* zur gegenseitigen Rücksichtnahme verpflichtet (Gröpl 2015).

2.2.1 Bundestag

Als einzigem unmittelbar demokratisch legitimierten Staatsorgan (Abschn. 2.1.1) weist das GG dem *Bundestag* hauptsächlich folgende **Aufgabenbereiche** zu: Gesetzgebungsfunktion (Abschn. 2.3.1) inkl. Budgetrecht (Art. 110 Abs. 2 S. 1 GG) und Mitwirkung bei anderen politisch (z. B. militärischer Einsatz der Bundeswehr im Ausland, vgl. Abschn. 2.1.1) oder rechtlich (Art. 23 Abs. 1 S. 2 und Art. 59 Abs. 2 S. 1 GG) bedeutsamen Maßnahmen, die Funktion der Schaffung (Kreation) anderer Staatsorgane (z. B. Wahl des Bundeskanzlers, Art. 63 GG, s. Abschn. 2.2.3) sowie die Kontrolle der Exekutive (v. a. der Bundesregierung, s. etwa das Zitierrecht des Art. 43 Abs. 1 GG, das Recht zur Einsetzung von Untersuchungsausschüssen gem. Art. 44 GG und die Möglichkeit eines Misstrauensvotums nach Art. 67 GG, s. Abschn. 2.2.3) (Ipsen 2015; Sodan und Ziekow 2016).

Gewählt werden die Abgeordneten des Deutschen Bundestags nach Art. 38 Abs. 1 S. 1 GG in allgemeiner, unmittelbarer, freier, gleicher und geheimer *Wahl*. „Der Grundsatz der **Allgemeinheit** der Wahl […] untersagt den unberechtigten Ausschluß von Staatsbürgern von der Teilnahme an der Wahl. Er verbietet dem Gesetzgeber, bestimmte Bevölkerungsgruppen aus politischen, wirtschaftlichen oder sozialen Gründen von der Ausübung des Wahlrechts auszuschließen und fordert, daß grundsätzlich jeder sein Wahlrecht in möglichst gleicher Weise soll ausüben können" (BVerfGE 58, 202 [205]). Dass sowohl das Recht, zu wählen (aktives Wahlrecht), als auch das Recht, sich zur Wahl zu stellen (passives Wahlrecht), gem. § 12 Abs. 1 BWahlG nur Deutschen i.S.v. Art. 116 Abs. 1 GG zusteht, folgt aus dem GG selbst (Abschn. 2.1.1), ebenso wie das Mindestwahlalter von 18 Jahren, s. Art. 38 Abs. 2 GG (Degenhart 2015).

Der Grundsatz der **Unmittelbarkeit** der Wahl besagt, dass die Mitglieder einer Volksvertretung direkt ohne die Einschaltung von Wahlmännern gewählt werden. „Er schließt jedes Wahlverfahren aus, bei denen zwischen Wähler und Wahlbewerber nach der Wahlhandlung eine Instanz eingeschaltet ist, die nach ihrem Ermessen den Vertreter auswählt und damit dem einzelnen Wähler die Möglichkeit nimmt, die zukünftigen Mitglieder der Volksvertretung durch die Stimmabgabe selbständig zu bestimmen" (BVerfGE 47, 253 [279 f.]).

Der Grundsatz der **Freiheit** der Wahl „erfordert nicht nur, daß der Akt der Stimmabgabe frei von Zwang und unzulässigem Druck bleibt [...], sondern ebensosehr, daß die Wähler ihr Urteil in einem freien, offenen Prozeß der Meinungsbildung gewinnen und fällen können" (BVerfGE 44, 125 [139]).

Nach dem Grundsatz der **Wahlrechtsgleichheit** muss „die Stimme eines jeden Wahlberechtigten [...] grundsätzlich den gleichen Zählwert (*„one man one vote"*) und die gleiche rechtliche Erfolgschance haben" (BVerfGE 131, 316 [337]). Differenzierungen bzgl. Ersterem sind „generell unzulässig [...], etwa wenn die Stimme eines Vermögenden mehr zählte als die eines weniger Vermögenden, so wie dies im preußischen Klassenwahlrecht der Fall war, wonach Wähler abhängig von der Höhe ihrer Steuerleistung in drei Abteilungen mit sehr unterschiedlichen Stimmengewichten eingeteilt waren" (BVerfGE 129, 300 [347]), oder wenn das derzeit mitunter geforderte Familienwalrecht eingeführt würde, nach dem sich die Stimmzahl der Eltern entsprechend der Zahl der Kinder vergrößert (Degenhart 2015).

Demgegenüber entspricht es „[d]em Zweck der [...] Mehrheitswahl [...], dass nur die für den Mehrheitskandidaten abgegebenen Stimmen zur Mandatszuteilung führen. Die auf die Minderheitskandidaten entfallenden Stimmen bleiben hingegen bei der Vergabe der Mandate unberücksichtigt" (BVerfGE 130, 212 [225]). Die in § 6 Abs. 3 S. 1 Alt. 1 BWahlG enthaltene *5 %–Sperrklausel,* wonach auf i. d. S. „kleine" Parteien entfallende Stimmen bei der Sitzverteilung unberücksichtigt bleiben, d. h. ebenfalls keinerlei Erfolgswert haben, dient dazu, eine andernfalls mögliche Stimmenzersplitterung zu verhindern und ist daher unter dem Aspekt der Gewährleistung der Funktionsfähigkeit des Bundestags verfassungsrechtlich gerechtfertigt – ebenso wie nach umstr. BVerfG-Rspr. die in § 6 Abs. 3 S. 1 Alt. 2 BWahlG enthaltene *Grundmandatsklausel* (Sodan und Ziekow 2016; BVerfGE 95, 408 [420 ff.]; 131, 316 [344]).

Der v. a. bei der Briefwahl (§ 36 BWahlG), die der Allgemeinheit der Wahl dient, problematische und vom Einzelnen nicht verzichtbare Grundsatz der **geheimen Wahl** bezieht sich auf den Akt der Stimmabgabe und gewährleistet, dass ausschließlich der Wähler vom Inhalt seiner Wahlentscheidung Kenntnis hat; er verpflichtet den Gesetzgeber, die erforderlichen Maßnahmen zum Schutz des

Wahlgeheimnisses zu treffen (Maurer 2010; Papier und Krönke 2015; BVerfGE 59, 119 [125]; 123, 39 [76]). Hierdurch wird die Freiheit der Wahl (s. o.) gewährleistet (Maurer 2010).

In seiner Entscheidung zum Einsatz von Wahlcomputern hat das BVerfG die fünf geschriebenen Wahlrechtsgrundsätze des Art. 38 Abs. 1 S. 1 GG schließlich noch um denjenigen der **„Öffentlichkeit der Wahl"** ergänzt, dessen normative Grundlage es in den verfassungsrechtlichen Grundentscheidungen für Demokratie, Republik und Rechtsstaat sieht (Abschn. 2.1) und der es gebiete, dass grundsätzlich „alle wesentlichen Schritte der Wahl öffentlicher Überprüfbarkeit unterliegen", v. a. die Ermittlung des Wahlergebnisses (BVerfGE 123, 39 [68, 70]).

Innerhalb des durch die vorgenannten *Wahlrechtsgrundsätze* verfassungsrechtlich vorgegebenen Rahmens ist der Bundesgesetzgeber nach Art. 38 Abs. 3 GG allerdings frei, „[d]as Nähere", d. h. das genaue *Wahlsystem,* zu bestimmen. Dies hat er im BWahlG getan. Gem. dessen § 1 Abs. 1 werden die – vorbehaltlich der sich aus dem BWahlG ergebenden Abweichungen – 598 Bundestagsabgeordneten nach den Grundsätzen einer *„personalisierten Verhältniswahl"* gewählt, weshalb jeder Wähler 2 Stimmen hat, s. § 4 BWahlG (BVerfGE 95, 408 [422]). Mit der Erststimme wird in jedem der in etwa gleich großen 299 Wahlkreise mit relativer Mehrheit ein Direktkandidat gewählt, s. §§ 3, 5 BWahlG. Mit der Zweitstimme wird nach § 4 BWahlG die von den politischen Parteien zuvor gem. § 27 BWahlG aufgestellte Landesliste gewählt. Entsprechend dem Verhältnis der Zweitstimmen werden – unter Anrechnung der jeweils errungenen Direktmandate (§ 6 Abs. 4 S. 1 BWahlG) – die Sitze im Bundestag auf die Parteien verteilt, vgl. § 6 Abs. 6 S. 1 BWahlG. Hat eine von diesen in den Wahlkreisen mehr Sitze errungen (z. B. 173) als ihr nach dem Zweistimmenanteil (von z. B. 11,4 Mio. $\triangleq$ 27 % von 42,2 Mio. Wählern) zustehen (im Beispiel: 27 % von 598 $\approx$ 161), so verbleiben ihr diese sog. *Überhangmandate* zwar (im Beispiel: 173 − 161 = 12), s. § 6 Abs. 4 S. 2 BWahlG. Jedoch wird der in einem solchen Fall gestörte Zweitstimmenproporz (im Beispiel: 173 von 598 $\triangleq$ 29 % $\neq$ 27%) gem. § 6 Abs. 5 BWahlG durch *Ausgleichsmandate* wieder hergestellt (Morlok und Michael 2015). Zur 5 %-Sperrklausel und Grundmandatsklausel des § 6 Abs. 3 BWahlG s. o. Entscheidungen und Maßnahmen, die sich unmittelbar auf das Wahlverfahren beziehen, können nach § 49 BWahlG nur mit den im BWahlG und in der BWahlO vorgesehenen Rechtsbehelfen sowie im **Wahlprüfungsverfahren** angefochten werden (geregelt in Art. 41 GG, im WahlPrG und in § 13 Nr. 3 i. V. m. § 48 BVerfGG).

Was die **Rechtsstellung der *Abgeordneten*** anbelangt, so sind diese gem. Art. 38 Abs. 1 S. 2 GG Vertreter des ganzen Volkes, an Aufträge und Weisungen (z. B.

der Wähler) nicht gebunden (freies, kein imperatives Mandat) und nur ihrem Gewissen unterworfen (Maurer 2010). Auch der eigenen Fraktion sind rechtlich bindende Anweisungen an die in ihr zugehörigen Abgeordneten daher verwehrt, ebenso wie die Ausübung von wirtschaftlichem Druck auf diese (Morlok und Michael 2015; Sodan und Ziekow 2016). Im Gegensatz zu einem solchen verfassungswidrigen *Fraktionszwang* sehr wohl verfassungskonform ist hingegen die *Fraktionsdisziplin,* d. h. die als solche rechtlich unverbindliche Einwirkung der Fraktion (s. u.) auf ihre Abgeordneten mit dem Ziel, diese politisch an die Linie der jeweiligen Fraktion zu binden – etwa im Wege von Probeabstimmungen bzw. Einzelgesprächen mit dem Fraktionsvorsitzenden, durch „Hinweis" auf drohende Nachteile wie den Verlust eines „sicheren" Listenplatzes oder einer bestimmten parteiinternen Position und in Extremfällen auch einen Ausschussrückruf (§ 57 Abs. 2 GOBT) oder gar Partei- (§ 10 Abs. 4 PartG) bzw. Fraktionsausschluss (vgl. § 48 Abs. 2 AbgG) (Degenhart 2015; Gröpl 2015; Maurer 2010; Morlok und Michael 2015; Sodan und Ziekow 2016; BVerfGE 80, 188 [233 f.]). Denn mit der Anerkennung der politischen Parteien in Art. 21 GG erkennt das GG zugleich auch Fraktionen an, deren Aufgabenwahrnehmung naturgemäß eine gewisse Bindung des einzelnen Abgeordneten an seine Fraktion einschließt („Spannungsverhältnis") (BVerfGE 2, 1 [72]; 10, 4 [14]). Darüber hinaus gehören zu den Befugnissen der Abgeordneten v. a. folgende *Statusrechte*: das Rederecht (§§ 27 Abs. 1, 31 GOBT), das Stimmrecht (§§ 48 ff. GOBT), das Initiativrecht (§§ 20 Abs. 2 S. 3, 82 Abs. 1 GOBT), die Beteiligung an der Ausübung des Frage- und Informationsrechts (§§ 16, 27 Abs. 2, 105 GOBT), das Recht, sich an den vom Parlament vorzunehmenden Wahlen zu beteiligen und das Recht, sich mit anderen Abgeordneten zu einer Fraktion zusammenzuschließen (§ 10 GOBT) (Gröpl 2015; BVerfGE 130, 318 [342]). Zudem darf ein Abgeordneter nach Art. 46 Abs. 1 S. 1 GG zu keiner Zeit wegen seiner Abstimmung oder wegen einer Äußerung, die er im Bundestag oder in einem seiner Ausschüsse getan hat, gerichtlich oder dienstlich verfolgt oder sonst außerhalb des Bundestags zur Verantwortung gezogen werden (*Indemnität,* Ausnahme: Verleumdung nach § 187 StGB, s. Art. 46 Abs. 1 S. 2 GG). Wegen einer mit Strafe bedrohten Handlung darf ein Abgeordneter gem. Art. 46 Abs. 2 GG nur mit Genehmigung des Bundestags (dazu s. § 107 GOBT) zur Verantwortung gezogen oder verhaftet werden, es sei denn, dass er bei der Begehung der Tat oder im Laufe des folgenden Tages festgenommen wird *(Immunität).* Ferner s. Art. 47 f. GG. Auf die Grundrechte vermögen sich die Bundestagsabgeordneten in diesem verfassungsrechtlichen Status – anders als in ihrer Eigenschaft als natürliche Personen – hingegen nicht zu berufen (Papier und Krönke 2015; BVerfGE 127, 267 [328 f.]).

Um seine interne Organisation und Arbeitsweise zu regeln, hat sich der Bundestag gem. Art. 40 Abs. 1 S. 2 GG eine Geschäftsordnung (GOBT) gegeben (Maurer 2010). Diese sieht neben den für ihn handelnden Organen (Präsident, Stellvertreter, Präsidium und Ältestenrat, §§ 2, 5 ff. GOBT) seine Untergliederung zum einen nach thematischen Aspekten in Ausschüsse und zum anderen nach parteibezogenen Gesichtspunkten in *Fraktionen* vor (Maurer 2010; Papier und Krönke 2015). Letztere sind nach § 10 Abs. 1 S. 1 GOBT – rechtsfähige (§ 46 Abs. 1 AbgG) – Vereinigungen von mindestens 5 % der Mitglieder des Bundestags (MdB), die derselben Partei oder solchen Parteien angehören, die auf Grund gleichgerichteter politischer Ziele in keinem Land miteinander im Wettbewerb stehen. Obwohl die Fraktionen in BVerfGE 84, 304 (322) als „notwendige Einrichtungen des Verfassungslebens und maßgebliche Faktoren der politischen Willensbildung" bezeichnet werden (vgl. auch § 47 Abs. 1 AbgG), finden sie im GG lediglich in dessen Art. 53a Abs. 1 S. 2 Hs. 1 Erwähnung; nähere Regelungen sind vielmehr v. a. in den §§ 45 ff. AbgG enthalten. Nach §§ 75 Abs. 1 Nr. 1, 76 Abs. 1 GOBT sind sie zur Einreichung von Vorlagen wie Gesetzentwürfen im Bundestag berechtigt (Abschn. 2.3.1.2) und benennen gem. § 57 Abs. 2 S. 1 GOBT die Mitglieder der *Ausschüsse* des Bundestags. Diese werden nur z. T. durch das GG ausdrücklich vorgegeben (s. dessen Art. 45, Art. 45a Abs. 1 und Art. 45c) und sind der eigentliche Ort, an dem die Parlamentsarbeit stattfindet, vgl. 54 Abs. 1 S. 1 GOBT (Maurer 2010). Das **Plenum** selbst, d. h. die Vollversammlung aller Abgeordneten, wäre zu der hierfür oftmals notwendigen Detailarbeit in Anbetracht seiner zahlenmäßigen Größe nicht in der Lage (Maurer 2010; Sodan und Ziekow 2016). Als dessen verkleinerte Abbilder müssen die Ausschüsse in ihrer Zusammensetzung jeweils diejenige des Plenums widerspiegeln, vgl. § 12 S. 1 GOBT (BVerfGE 88, 188 [222]).

Grundsätzlich verhandelt der Bundestag öffentlich (Art. 42 Abs. 1 S. 1 GG) und entscheidet mit der einfachen *Mehrheit* („50 % + 1") der tatsächlich abgegebenen Stimmen (Art. 42 Abs. 2 S. 1 Hs. 1 GG), wozu Stimmenthaltungen und ungültige Stimmen nicht gehören (Gröpl 2015). Abhängig von Bedeutung und Tragweite der jeweiligen Entscheidung sieht das GG jedoch auch andere Bezugsgrößen (z. B. Art. 63 Abs. 2 S. 1 GG: Mehrheit der Mitglieder des Bundestags, d. h. seiner gesetzlichen Mitgliederzahl, s. Art. 121 GG und Abschn. 2.2.3) und Quoren (z. B. Art. 79 Abs. 2 GG: $^2/_3$-Mehrheit, s. Abschn. 1.2.1) als die einfache Abstimmungsmehrheit vor (Maurer 2010; Papier und Krönke 2015). Zur vorgelagerten Frage der Beschlussfähigkeit des Bundestags, s. Abschn. 2.3.1.2. Rechts- und bundesstaatliche Grenzen dieser Mehrheitsherrschaft zieht das GG „über die Grundrechte, die Erschwerung und Begrenzung der Verfassungsänderung (Art. 79 GG, s. Abschn. 1.2.1), die Garantie des Rechtsweges gegen die öffentliche

Gewalt (Art. 19 Abs. 4 GG, s. Abschn. 2.3.3), die Gewährleistung der Unabhängigkeit der Rechtsprechung (Art. 20 Abs. 3, Art. 97 GG, s. Abschn. 2.3.3) und sichert diese Grenzen über eine weitreichende Verfassungsgerichtsbarkeit (Art. 93 GG, s. Abschn. 2.2.5)" (*Minderheitenschutz*, BVerfGE 44, 125 [141]).

Die *Wahlperiode* des nach Art. 39 Abs. 1 S. 1 GG auf 4 Jahre gewählten Bundestags endet gem. Art. 39 Abs. 1 S. 2 GG regulär mit dem Zusammentritt eines neuen Bundestags. Dann gelten alle bisherigen Vorlagen als erledigt i. S. v. „gegenstandslos", s. § 125 S. 1 GOBT (sog. sachliche *Diskontinuität*) (Gröpl 2015). Sie werden vom „neuen" Bundestag nur dann behandelt, wenn sie in diesen erneut eingebracht werden (Ipsen 2015). Eine vorzeitige Auflösung des Bundestags sieht das GG allein in den Fällen seines Art. 63 Abs. 4 und Art. 68 vor (zu beiden s. Abschn. 2.2.3). Über ein Selbstauflösungsrecht – etwa bei politischer Handlungsunfähigkeit – verfügt der Bundestag hingegen nicht (Morlok und Michael 2015).

2.2.2 Bundesrat

Durch den aus Mitgliedern der Regierungen der Länder (Art. 51 Abs. 1 S. 1 GG) bestehenden *Bundesrat* wirken diese nach Art. 50 GG bei der Gesetzgebung (Art. 76 f. GG, s. Abschn. 2.3.1) und Verwaltung (v. a. Art. 80 Abs. 2 und Art. 84 f. GG, s. Abschn. 2.3.2) des Bundes und in Angelegenheiten der Europäischen Union (Art. 23 Abs. 2 S. 1 GG) mit. Im Gegensatz zu den übrigen Staatsorganen (Abschn. 2.2) verfügt der Bundesrat mithin über keinen spezifischen eigenen Aufgabenbereich, sondern werden über dieses häufig als „Länderkammer" bezeichnete Bundesorgan als Ausprägung des grundgesetzlichen Bundesstaatsprinzips (Abschn. 2.1.4) die Gliedstaaten an der politischen Willensbildung des Gesamtstaats beteiligt (Gröpl 2015; Maurer 2010; Papier und Krönke 2015; Sodan und Ziekow 2016).

Wer Mitglied der Regierungen der Länder ist, welche die **Mitglieder des Bundesrats** gem. Art. 51 Abs. 1 S. 1 GG „bestellen", bestimmt sich nach dem jeweiligen Landesverfassungsrecht (Maurer 2010). So besteht beispielsweise nach Art. 51 LVerf NRW „[d]ie Landesregierung [...] aus dem Ministerpräsidenten und den Landesministern". Die Mitgliedschaft im Bundesrat endet entweder mit der jederzeit möglichen Abberufung durch die betreffende Landesregierung oder mit dem Ausscheiden aus dieser (z. B. durch Entlassung oder Rücktritt) – weshalb letztlich auch jeder Regierungswechsel in einem Bundesland zu einer Verschiebung der parteipolitischen Mehrheitsverhältnisse im Bundesrat führen kann (Maurer 2010).

Wie viele **Stimmen jedes Land** in diesem hat, richtet sich gem. Art. 51 Abs. 2 GG nach der durch amtliche Volkszählung bzw. Bevölkerungsfortschreibung (§ 27 GOBR) zu ermittelnden Zahl seiner Einwohner, wozu neben Deutschen auch Ausländer und Staatenlose gehören (Maurer 2010). Aktuell gibt es im Bundesrat insgesamt 69 Stimmen (Maurer 2010). Die gem. § 28 Abs. 1 GOBR sowohl für die Beschlussfähigkeit als auch gem. Art. 52 Abs. 3 GG für einen Beschluss des Bundesrats maßgebliche „Mehrheit seiner Stimmen" beträgt derzeit mithin 35 (Gröpl 2015).

Auch wenn nach Art. 51 Abs. 3 GG jedes Land so viele Mitglieder in den Bundesrat entsenden kann, wie es Stimmen hat, so können die Stimmen eines Landes nach dem ausdrücklichen Wortlaut dieser Vorschrift gleichwohl **nur einheitlich** und nur durch anwesende Mitglieder oder deren Vertreter (Art. 51 Abs. 1 S. 2 GG) **abgegeben** werden. In der Praxis erfolgt dies i. d. R. durch den Stimmführer (Maurer 2010). Mittelbar ergibt sich aus dem Vorstehenden, dass die einzelnen Mitglieder des Bundesrats nicht wie die Bundestagsabgeordneten über ein freies Mandat verfügen (Abschn. 2.2.1), sondern gegenüber der jeweiligen Landesregierung weisungsgebunden sind, vgl. etwa Art.49 Abs. 2 LVerf BW (Maurer 2010). Allein aufgrund eines etwaigen Weisungsverstoßes, d. h. einer landesinternen Rechtswidrigkeit, wird die Stimmabgabe eines Landes im Bundesrat freilich nicht zugleich grundgesetzwidrig bzw. unwirksam, ist doch auch insoweit zum einen zwischen der externen Vertretungsmacht und der internen Willensbildung zu unterscheiden und bemisst sich zum anderen die Wirksamkeit von Rechtsakten der Bundesratsmitglieder ohnehin allein nach dem GG (Maurer 2010; Papier und Krönke 2015). Sehr wohl zur Ungültigkeit aller Stimmen eines Landes in der betreffenden Bundesratsabstimmung führt es hingegen, wenn diese entgegen Art. 51 Abs. 3 S. 2 GG nicht einheitlich abgegeben werden (BVerfGE 106, 310 [336]). Insbesondere hat der Inhaber einer landesrechtlichen Richtlinienkompetenz (z. B. der Ministerpräsident) keine bundesverfassungsrechtlich herausgehobene Stellung, die es ihm erlaubte, einen Abstimmungsdissens zweier anderer anwesender Mitglieder (z. B. Minister) allein durch seine Willensbekundung zu überwinden (BVerfG, a. a. O., S. 334).

2.2.3 Bundesregierung

Der *Bundesregierung* obliegt – gemeinsam mit den anderen hierzu berufenen Staatsorganen (v. a. dem Parlament, s. Abschn. 2.2.1) – die Aufgabe der Staatsleitung (BVerfGE 11, 77 [85]; 105, 279 [301]). Wenngleich das GG hierzu keine diesbezügliche ausdrückliche Bestimmung enthält, so geht es doch stillschweigend von entsprechenden Kompetenzen aus (BVerfGE 105, 252 [270]). Mittel zur politischen Führung, zur verantwortlichen Leitung des Ganzen sind nicht allein die Gesetzgebung (die Bundesregierung verfügt insoweit nach Art. 76 Abs. 1 GG über ein Initiativrecht und gem. Art. 77 Abs. 2 S. 4 über das Recht, den Vermittlungsausschuss anzurufen, s. Abschn. 2.3.1) und – als oberstes Organ der vollziehenden Gewalt – die richtungsweisende Einwirkung auf den Gesetzesvollzug (z. B. durch den Erlass von Verwaltungsvorschriften nach Art. 84 Abs. 2, 85 Abs. 2 S. 1, 86 S. 1 GG, s. Abschn. 2.3.2), sondern auch die Erteilung von Informationen über aktuelle, die Öffentlichkeit erheblich berührende Fragen, welche mit Blick auf die von Art. 21 Abs. 1 i. V. m. Art. 3 Abs. 1 GG garantierte Chancengleichheit der Parteien politisch neutral zu erfolgen hat (Sodan und Ziekow 2016; BVerfGE 44, 125 [144]; 105, 279 [301]; 138, 102 [114 f.]). Darüber hinaus ist die Bundesregierung bei ihrer Informations- und Öffentlichkeitsarbeit ganz allgemein an Gesetz und Recht (Art. 20 Abs. 3 GG, s. Abschn. 2.1.3.1) sowie speziell die Grundrechte (Art. 1 Abs. 3 GG) gebunden (Sodan und Ziekow 2016).

Konkret differenziert das GG zwischen den Aufgaben und Kompetenzen des *Bundeskanzlers,* der einzelnen *Bundesminister* und der Regierung als Kollegium insgesamt (dem „Kabinett") (Maurer 2010; Sodan und Ziekow 2016). So bestimmt nach Art. 65 S. 1 GG der Bundeskanzler die Richtlinien der Politik. Diese *Richtlinienkompetenz* (Kanzlerprinzip) meint die Vorgabe der grundlegenden politischen Leitentscheidungen gegenüber den *Bundesministern,* welche diese ausfüllungsbedürftigen Rahmenentscheidungen innerhalb ihres jeweiligen Geschäftsbereichs (Ressorts) selbständig und unter eigener politischer Verantwortung (vgl. Art. 43 Abs. 1 GG) umsetzen und konkretisieren, s. Art. 65 S. 2 GG (Degenhart 2015; Ipsen 2015; Papier und Krönke 2015; Sodan und Ziekow 2016). Mit diesem *Ressortprinzip* grundsätzlich unvereinbar sind konkrete politische Einzelentscheidungen des Bundeskanzlers (z. B. beim Erlass von Rechtsverordnungen nach Art. 80 Abs. 1 S. 1 Var. 2 GG, s. Abschn. 2.3.1), ebenso wie dessen „Hineinregieren" in den Ressortbereich eines Bundesministers im Wege des Durchgriffs unmittelbar auf einzelne Beamte dort (z. B. durch Erteilung einer Weisung; kein „Selbsteintritt") (Degenhart 2015; Morlok und Michael 2015; Sodan und Ziekow 2016). Widersetzt sich ein Bundesminister einer Richtlinie des Bundeskanzlers, kann er diesen freilich ohne weiteres entlassen (s. u.) (Maurer 2010). Sofern das GG eine Entscheidung der gem. Art. 62 GG aus dem Bundeskanzler und den Bundesministern (nicht dagegen: den Staatssekretären) bestehenden Bundesregierung verlangt (z. B. Art. 65 S. 3 GG bei Meinungsverschiedenheiten zwischen den Bundesministern), so ist diese beschlussfähig, wenn einschließlich des Vorsitzenden, d. h. i. d. R. des Bundeskanzlers (§ 22 Abs. 1 S. 1 GOBReg), die Hälfte der Bundesminister anwesend ist; ihre Beschlüsse (§ 15

GOBReg) fasst sie dann mit Stimmenmehrheit (**Kabinetts- bzw.** *Kollegialprinzip,* bei Stimmengleichheit entscheidet die Stimme des Vorsitzenden), s. § 24 GOBReg (Gröpl 2015; Ipsen 2015).

Die **Bildung der Bundesregierung** erfolgt in zwei aufeinanderfolgenden Schritten: Zunächst wählt im parlamentarischen Regierungssystem des GG der Bundestag nach Art. 63 GG den Bundeskanzler, welcher sodann dem Bundespräsidenten die zu ernennenden Bundesminister gem. Art. 64 GG vorschlägt (Maurer 2010; BVerfGE 27, 44 [56]).

Die Amtszeit des Bundeskanzlers **endet** gem. Art. 69 Abs. 2 GG regulär mit dem Zusammentritt eines neuen Bundestags (dazu s. Art. 39 Abs. 2 GG). Vorzeitig kann sie neben den im GG nicht ausdrücklich geregelten Fällen des freiwilligen Rücktritts, dem Verlust der Amtsfähigkeit und dem Tod ebenfalls infolge eines Misstrauensvotums (Art. 67 GG) oder einer gescheiterten Vertrauensfrage (Art. 68 GG) enden (Sodan und Ziekow 2016). Der Bundestag kann dem Bundeskanzler das Misstrauen nach Art. 67 Abs. 1 S. 1 GG nur dadurch aussprechen, dass er mit der Mehrheit seiner Mitglieder (Art. 121 GG, s. Abschn. 2.2.1) einen Nachfolger wählt (daher: *konstruktives Misstrauensvotum*) und den Bundespräsidenten ersucht, den Bundeskanzler zu entlassen. Gem. Art. 67 Abs. 1 S. 2 GG muss der Bundespräsident dem Ersuchen entsprechen und den Gewählten ernennen. Zwischen dem Antrag und der Wahl müssen 48 h liegen, Art. 67 Abs. 2 GG. Dadurch sollen übereilte Entscheidungen verhindert werden (Sodan und Ziekow 2016).

Findet umgekehrt ein nach Art. 68 Abs. 1 S. 1 GG gestellter Antrag des Bundeskanzlers, ihm das Vertrauen auszusprechen, nicht die Zustimmung der Mehrheit der Mitglieder des Bundestags (Art. 121 GG, s. Abschn. 2.2.1), so kann der Bundespräsident (Abschn. 2.2.4) auf Vorschlag des Bundeskanzlers binnen 21 Tagen den Bundestag auflösen. Das Recht zur Auflösung erlischt gem. Art. 68 Abs. 1 S. 2 GG, sobald der Bundestag mit der Mehrheit seiner Mitglieder (Art. 121 GG) einen anderen Bundeskanzler wählt. Gem. Art. 68 Abs. 2 GG müssen zwischen dem Antrag und der Abstimmung 48 h liegen. Dabei umfasst Art. 68 GG „nicht nur die nicht auflösungsgerichtete ([…] *echte*) *Vertrauensfrage,* durch die eine in Zweifel stehende Handlungsfähigkeit hinsichtlich der tatsächlichen Kräfteverhältnisse im Parlament auf die Probe gestellt werden kann", sondern „auch die auflösungsgerichtete ([…] *unechte*) *Vertrauensfrage*" (BVerfGE 114, 121 [151]). Letztere ist jedoch „nur dann verfassungsgemäß, wenn sie nicht nur den formellen Anforderungen, sondern auch dem Zweck des Art. 68 GG entspricht", d. h. „der Wiederherstellung einer ausreichend parlamentarisch verankerten Bundesregierung dient" (BVerfG, a. a. O., S. 149). Voraussetzung hierfür wiederum ist „eine politische Lage der Instabilität", die „als ungeschriebenes

Tatbestandsmerkmal erfordert, daß der Bundeskanzler der stetigen parlamentarischen Unterstützung durch die Mehrheit des Bundestags nicht sicher sein kann" (BVerfGE 62, 1 [42]). Ob diese „materielle Auflösungslage" vorliegt, wird vom BVerfG allerdings nur in eingeschränktem Umfang überprüft, weist Art. 68 GG insoweit doch dem Bundeskanzler eine Einschätzungs- und Beurteilungskompetenz zu, trifft der Bundestag seine Entscheidung nach dieser Vorschrift frei und in Kenntnis ihrer möglichen Konsequenzen und verfügt der Bundespräsident bzgl. der Anordnung oder Ablehnung der Bundestagsauflösung über ein eigenes Ermessen (Abschn. 2.2.4; BVerfGE 62, 1 [50 f., 62]; 114, 121 [149]).

2.2.4 Bundespräsident

Wie sich auch ohne entsprechende ausdrückliche Regelung im GG aus dessen Aufgaben- und Kompetenzzuweisungen an den *Bundespräsidenten* ergibt, ist dieser das *Staatsoberhaupt* der Bundesrepublik Deutschland (Papier und Krönke 2015). Er

- vertritt den Bund völkerrechtlich (Art. 59 Abs. 1 S. 1 GG; *Repräsentationsfunktion*),
- als *„Staatsnotar"* ernennt er den vom Bundestag gewählten Bundeskanzler (Art. 63 Abs. 2 S. 2, Abs. 4 S. 2, 3, Art. 67 Abs. 1 S. 2 GG, s. Abschn. 2.2.3) sowie auf dessen Vorschlag die Bundesminister (Art. 64 Abs. 1 GG, s. Abschn. 2.2.3) und die Bundesrichter, die Bundesbeamten, die Offiziere und Unteroffiziere (Art. 60 Abs. 1 GG, freilich mit der Möglichkeit zur Delegation, Art. 60 Abs. 3 GG), die er nach den vorgenannten Bestimmungen auch wieder entlässt, und fertigt die nach den Vorschriften des GG zustande gekommenen Gesetze nach Gegenzeichnung aus (Art. 82 Abs. 1 S. 1 GG, s. Abschn. 2.3.1.3),
- er übt im Einzelfall für den Bund das *Begnadigungsrecht* aus (Art. 60 Abs. 2 GG) und
- er verfügt in staatsrechtlichen Krisensituationen über sog. *Reservebefugnisse* (Art. 63 Abs. 4 S. 3 GG, Art. 68 Abs. 1 S. 1 GG, s. Abschn. 2.2.3; ferner s. Art. 81 GG zum Gesetzgebungsnotstand) (Morlok und Michael 2015; Papier und Krönke 2015).

Neben der Wahrnehmung dieser ihm durch das GG ausdrücklich zugewiesenen Befugnisse hat der Bundespräsident kraft seines Amtes insbesondere noch die Aufgabe „der Integration des Gemeinwesens"; als Verkörperung der Einheit des Staates hat er eine ausgleichende Stellung inne und insoweit zugleich eine gewisse Distanz zu den Zielen und Aktivitäten von politischen Parteien und gesellschaftlichen Gruppen zu wahren (BVerfGE 136, 323 [332]; *Integrationsfunktion*) „Autorität und Würde seines Amtes kommen […] gerade […] darin zum Ausdruck, dass es auf vor allem geistig-moralische Wirkung angelegt ist" (BVerfGE 136, 277 [311]). Der politische Einfluss, welcher von der Macht des Wortes des Staatsoberhaupts ausgehen kann, ist nicht zu unterschätzen – hängt allerdings wesentlich auch von der Person des jeweiligen Amtsinhabers ab (Maurer 2010).

Im Gegensatz noch zur Rechtsstellung des Reichspräsidenten unter der WRV ist diejenige des Bundespräsidenten als grundsätzlich neutralem (apolitischen) Staatsorgan *(pouvoir neutre)* unter dem GG damit relativ schwach ausgestaltet (Maurer 2010; Morlok und Michael 2015; BVerfGE 136, 323 [332]). Weitestgehend **repräsentiert** er Staat und Volk **lediglich** (BVerfGE 138, 102 [112]). Dies kommt auch in Art. 58 S. 1 GG zum Ausdruck, wonach „Anordnungen und Verfügungen" des Bundespräsidenten zu ihrer Gültigkeit grundsätzlich der *Gegenzeichnung* durch den Bundeskanzler oder durch den zuständigen Bundesminister bedürfen (Ausnahmen: Art. 58 S. 2 GG) – wodurch diese die politische Verantwortung übernehmen (Degenhart 2015). Der Sinn und Zweck dieser Vorschrift besteht darin, ein von der Regierungslinie ggf. abweichendes eigenständiges politisches Handeln des Bundespräsidenten zu verhindern (einheitliche, nicht dualistische Staatsleitung), liegt im parlamentarischen Regierungssystem des GG die Verantwortung für die Politik doch bei der Bundesregierung (Abschn. 2.2.3) (Sodan und Ziekow 2016). Lediglich dann, wenn die anderen Staatsorgane **ausnahmsweise** einmal versagen sollten, verfügt der Bundespräsident über echte **eigene politische Entscheidungsbefugnisse,** s. Art. 63 Abs. 4 S. 3 GG und Art. 68 Abs. 1 S. 1 GG (jeweils Abschn. 2.2.3) (Maurer 2010). Darüber hinaus billigt das BVerfG dem Bundespräsidenten auch in Bezug auf seine o.g. Integrationsfunktion einen weiten Gestaltungsspielraum zu. „Der Bundespräsident kann […] den mit dem Amt verbundenen Erwartungen nur gerecht werden, wenn er auf gesellschaftliche Entwicklungen und allgemeinpolitische Herausforderungen entsprechend seiner Einschätzung eingehen kann und dabei in der Wahl der Themen ebenso frei ist wie in der Entscheidung über die jeweils angemessene Kommunikationsform" (BVerfGE 136, 323 [332]). Äußere Grenzen ergeben sich insoweit freilich daraus, dass der Bundespräsident Staatsgewalt i. S. v. Art. 20 Abs. 2 GG ausübt und daher gem. Art. 1 Abs. 3 und Art. 20 Abs. 3 GG (Abschn. 2.1.3.1) an die Grundrechte sowie an Gesetz und Recht gebunden ist, wozu u. a. auch das Recht politischer Parteien auf Chancengleichheit gehört (Abschn. 2.2.1) (BVerfG, a. a. O., S. 333). Nicht mehr mit seiner Repräsentations- und Integrationsaufgabe in Einklang stehen daher solche Äußerungen, die keinen Beitrag zur sachlichen

Auseinandersetzung leisten, sondern ausgrenzend wirken (z. B. „Schmähkritik")
(BVerfGE 136, 323 [335 f.]).

Gewählt wird der Bundespräsident nach Art. 54 Abs. 1 S. 1 GG ohne Aussprache von der Bundesversammlung (Art. 54 Abs. 3 GG) gem. Art. 54 Abs. 6 GG. Die Dauer des Amtes des Bundespräsidenten beträgt **5 Jahre,** Art. 54 Abs. 2 S. 1. Eine anschließende Wiederwahl ist nach Art. 54 Abs. 2 S. 2 GG nur einmal zulässig. Im Fall seiner Verhinderung (z. B. infolge Krankheit, Urlaub, Auslandsaufenthalt) oder bei vorzeitiger Erledigung des Amtes (z. B. durch Rücktritt, Tod) werden die Befugnisse des Bundespräsidenten durch den Präsidenten des Bundesrats wahrgenommen, Art. 57 GG (Abschn. 2.2.2) (Maurer 2010). Die Immunitätsregelungen des Art. 46 Abs. 2-4 GG (Abschn. 2.2.1) finden nach Art. 60 Abs. 4 GG auf den Bundespräsidenten entsprechende Anwendung.

2.2.5 Bundesverfassungsgericht

Das *Bundesverfassungsgericht* (BVerfG) ist „Hüter der Verfassung" (BVerfGE 1, 184 [195]). Es entscheidet letztverbindlich darüber, ob die anderen Staatsorgane ihre aus Art. 20 Abs. 3 GG resultierende Pflicht, das GG zu wahren (Abschn. 1.2.2), im konkreten Fall erfüllt oder dagegen verstoßen haben (Degenhart 2015; Morlok und Michael 2015). Insbesondere vermögen formelle, nachkonstitutionelle Gesetze allein von ihm für ungültig (nichtig) erklärt zu werden, vgl. Art. 100 Abs. 1 GG *(Verwerfungsmonopol).* Voraussetzung für eine derartige (Sach-)Entscheidung des BVerfG ist allerdings stets die Zulässigkeit und Begründetheit des jeweiligen Antrags bzw. der betreffenden Beschwerde (Gröpl 2015). Erster Prüfungspunkt im Rahmen der Zulässigkeit wiederum ist derjenige der Zuständigkeit des BVerfG (Gröpl 2015). Anders als beispielsweise der Verwaltungsrechtsweg, der nach der Generalklausel des § 40 Abs. 1 S. 1 VwGO in allen öffentlich-rechtlichen Streitigkeiten nichtverfassungsrechtlicher Art eröffnet ist, ist der Zugang zum BVerfG jedoch nicht etwa in sämtlichen verfassungsrechtlichen Streitigkeiten gegeben, sondern nur in den – freilich zahlreichen – (bundes-)gesetzlich ausdrücklich vorgesehenen Fällen bzw. Verfahrensarten, vgl. Art. 93 Abs. 3 GG *(Enumerationsprinzip)* (Maurer 2010). Eine entsprechende abschließende Aufzählung findet sich in **§ 13 BVerfGG** (Gröpl 2015). Ist die Zuständigkeit in der Hauptsache hiernach gegeben, so ist zugleich der Antrag gem. § 32 BVerfGG statthaft (Gröpl 2015). Auf diesen hin, aber auch von Amts wegen, kann das BVerfG eine **einstweilige Anordnung** treffen, um bis zur Entscheidung im jeweiligen Hauptsacheverfahren die Schaffung von „vollendeten Tatsachen" zu verhindern (Gröpl 2015). Einen Überblick über die wichtigsten (Hauptsache-)Verfahrensarten vor dem BVerfG gibt Tab. 2.1.

Im Gegensatz zu den Entscheidungen aller anderen Gerichte, die grundsätzlich nur die jeweiligen Verfahrensbeteiligten binden (*inter partes*-Wirkung, z. B. § 121 Nr. 1 VwGO), binden die Entscheidungen des BVerfG die Verfassungsorgane des Bundes und der Länder sowie alle Gerichte und Behörden, § 31 Abs. 1 BVerfGG (*erga omnes*-**Wirkung**). Darüber hinaus kommt ihnen in den Fällen des § 31 Abs. 2 S. 1, 2 BVerfGG sogar **Gesetzeskraft** zu. Gem. § 35 BVerfGG kann das BVerfG in seiner Entscheidung bestimmen, wer sie vollstreckt; es kann auch im Einzelfall die Art und Weise der Vollstreckung regeln.

Gewählt werden die Mitglieder des BVerfG nach Art. 94 Abs. 1 S. 2 GG je zur Hälfte vom Bundestag und vom Bundesrat (näher: §§ 5 ff. BVerfGG). Die Amtszeit der Richter dauert gem. § 4 Abs. 1 BVerfGG 12 Jahre, längstens bis zur Altersgrenze, d.h. bis zum Ende des Monats, in dem der Richter das 68. Lebensjahr vollendet, § 4 Abs. 1, 3 BVerfGG. Nach § 4 Abs. 3 BVerfGG ist eine anschließende oder spätere Wiederwahl der Richter ausgeschlossen. Als Teil der rechtsprechenden Gewalt (Art. 92 GG) sind auch die Richter des BVerfG **unabhängig** und nur dem

Tab. 2.1 (Hauptsache-)Verfahrensarten vor dem BVerfG

Streitigkeit bzw. Meinungsverschiedenheit	Verfahrensart	Vorschriften
Umfang der Rechte und Pflichten eines obersten Bundesorgans oder bestimmter anderer Beteiligter	**Organstreitverfahren**	Art. 93 Abs. 1 Nr. 1 GG, §§ 13 Nr. 5, 63 ff. BVerfGG
Rechte und Pflichten des Bundes und der Länder	**Bund-Länder-Streit**	Art. 93 Abs. 1 Nr. 3 GG, §§ 13 Nr. 7, 68 ff. BVerfGG
förmliche oder sachliche Vereinbarkeit von Bundesrecht oder Landesrecht mit dem GG (unabhängig von einem bestimmten Einzelfall)	**Abstrakte Normenkontrolle**	Art. 93 Abs. 1 Nr. 2 GG, §§ 13 Nr. 6, 76 ff. BVerfGG
Vereinbarkeit eines Bundesgesetzes oder eines Landesgesetzes mit dem GG (im Rahmen eines konkreten Rechtsstreits)	**Konkrete Normenkontrolle (sog. Richtervorlage)**	Art. 100 Abs. 1 GG, §§ 13 Nr. 11, 80 ff. BVerfGG
Verletzung eines Grundrechts oder grundrechtsgleichen Rechts	**Verfassungsbeschwerde**	Art. 93 Abs. 1 Nr. 4a GG, §§ 13 Nr. 8a, 90 ff. BVerfGG

Gesetz unterworfen, Art. 97 Abs. 1 GG. Intern gegliedert ist das BVerfG mit Sitz in Karlsruhe (§ 1 Abs. 2 BVerfGG) in zwei *Senate* (§ 2 Abs. 1 BVerfGG) á 8 Richter (§ 2 Abs. 2 BVerfGG), die wiederum für die Dauer eines Geschäftsjahrs mehrere *Kammern* berufen, die ihrerseits jeweils aus 3 Richtern bestehen, § 15a Abs. 1 S. 1, 2 BVerfGG. Jeder Senat ist beschlussfähig, wenn mindestens 6 Richter anwesend sind, § 15 Abs. 2 S. 1 BVerfGG. Soweit nicht das Gesetz etwas anderes bestimmt, entscheidet nach § 15 Abs. 4 S. 2 BVerfGG die **Mehrheit** der an der Entscheidung mitwirkenden Mitglieder des Senats, wobei bei Stimmengleichheit ein Verstoß gegen das GG oder sonstiges Bundesrecht nicht festgestellt werden kann, § 15 Abs. 4 S. 3 BVerfGG. Im Verfahren gem. § 13 Nr. 1, 2, 4 und 9 BVerfGG bedarf es zu einer dem Antragsgegner nachteiligen Entscheidung dagegen in jedem Fall einer $^2/_3$**-Mehrheit** der Mitglieder des Senats, § 15 Abs. 4 S. 1 BVerfGG. Will ein Senat in einer Rechtsfrage von der in einer Entscheidung des anderen Senats enthaltenen Rechtsauffassung abweichen, so entscheidet darüber nach § 16 Abs. 1 BVerfGG das **Plenum** des BVerfG. Dieses ist beschlussfähig, wenn von jedem Senat $^2/_3$ seiner Richter anwesend sind, § 16 Abs. 2 BVerfGG.

2.3 Staatsfunktionen

Nach dem für das GG tragenden Organisations- und Funktionsprinzip der in Art. 20 Abs. 2 S. 2 GG normierten *Gewaltenteilung* wird die Staatsgewalt durch besondere Organe der Gesetzgebung, der vollziehenden Gewalt und der Rechtsprechung ausgeübt, vgl. ferner Art. 1 Abs. 3 und Art. 20 Abs. 3 GG (Gröpl 2015) (BVerfGE 95, 1 [15]). Das Ziel dieser ideengeschichtlich namentlich auf *Montesquieu* (1689–1755) zurückgehenden klassischen Gewaltenteilung ist v. a. rechtsstaatlicher Natur. Durch die Aufteilung der staatlichen Macht soll die mit ihrer Konzentration in nur einer Hand verbundene Gefahr ihres Missbrauchs verhindert werden (Mäßigung der Staatsherrschaft) (Gröpl 2015; Maurer 2010; BVerfGE 3, 225 [247]). Innerhalb der einzelnen Teilgewalten soll dies wiederum durch Kontrolle seitens der jeweils anderen Staatsgewalten erreicht werden (*checks and balances*) (Maurer 2010; Sodan und Ziekow 2016). Der Gesetzgeber (die Legislative) erlässt allgemeine Regeln (Gesetze), die von der Verwaltung (der Administrative) im Einzelfall vollzogen werden; ob Letzteres in gesetzmäßiger Weise erfolgt ist, kann durch die Rechtsprechung (die Judikative) überprüft werden, welche in Gestalt des Verfassungsgerichts zugleich über die Verfassungsmäßigkeit der Gesetze wacht (Abschn. 2.2.5) (Gröpl 2015; Ipsen 2015; BVerfGE, NVwZ 2015, S. 1434 [1439]).

Vor diesem Hintergrund sieht Art. 20 Abs. 2 S. 2 GG nicht nur eine entsprechende **funktionelle** Gewaltenteilung vor, sondern bestimmt zugleich, dass die drei Staatsfunktionen auch jeweils von unterschiedlichen (Staats-)Organen wahrgenommen werden (Abschn. 2.2) (Gröpl 2015). Damit diese **organisatorische** Gewaltenteilung schließlich nicht durch Besetzung der verschiedenen Organe mit denselben Personen unterlaufen wird, enthält das GG in seinem Art. 55 und Art. 94 Abs. 1 S. 3 noch Inkompatibilitätsregelungen, welche auch die **personelle** Gewaltenteilung sicherstellen sollen, vgl. ferner Art. 137 Abs. 1 GG (Gröpl 2015; Maurer 2010).

Diese rechtsstaatliche funktionelle **(horizontale) Gewaltenteilung,** die zur bundesstaatlichen **(vertikalen) Gewaltenteilung** hinzutritt (Abschn. 2.1.4), wird „jedoch nirgends rein verwirklicht. Auch in den Staatsordnungen, die das [Gewaltenteilungs-]Prinzip anerkennen, sind gewisse Überschneidungen der Funktionen und Einflußnahmen der einen Gewalt auf die andere gebräuchlich" (BVerfGE 3, 225 [247]). So nimmt denn ebenfalls das GG nicht etwa eine strikte Gewaltentrennung vor (keine Gewaltenteilung in Reinform, s. z. B. Art. 76 Abs. 1 Var. 1, Art. 80 Abs. 1 S. 1 GG), sondern beinhaltet zahlreiche *Gewaltenverschränkungen,* die mitunter durch das parlamentarische Regierungssystem bedingt sind (so z. B. Art. 63 und Art. 67 GG, s. Abschn. 2.2.3) und ein effektives System von *„checks and balances"* oftmals erst ermöglichen, z. B. Art. 44 Abs. 1 und Art. 93 Abs. 1 Nr. 2 GG (Gröpl 2015; Papier und Krönke 2015; Sodan und Ziekow 2016). „Der Kernbereich der verschiedenen Gewalten ist [allerdings] unveränderbar. Damit ist ausgeschlossen, daß eine der Gewalten die ihr von der Verfassung zugeschriebenen typischen Aufgaben preisgibt" (BVerfGE 34, 52 [59]). Insbesondere ein „aus dem Demokratieprinzip fälschlich abgeleitete[r] Gewaltenmonismus in Form eines allumfassenden Parlamentsvorbehalts" wäre hiernach verfassungswidrig (Abschn. 2.1.1), weshalb namentlich ein „*Kernbereich* **an exekutivischer Eigenverantwortung**" erhalten bleiben muss (BVerfGE 68, 1 [87]).

2.3.1 Gesetzgebung

Da die Bedeutung des (ungeschriebenen) Gewohnheitsrechts im deutschen Recht äußerst gering ist – Art. 103 Abs. 2 GG verbietet sogar eine allein hierauf gestützte Bestrafung –, ist unter der Geltung des GG das in den Gesetzen niedergeschriebene (positivierte) Recht die mit Abstand bedeutendste Rechtsquelle, vgl. auch Art. 20 Abs. 3 GG: „Gesetz und Recht" (Abschn. 2.1.3.1) (Wienbracke 2013a). **Im materiellen Sinn** bedeutet der Begriff *„Gesetz"* eine allgemeine, d. h. für eine unbestimmte Vielzahl von Fällen (abstrakt) und eine unbestimmte

Vielzahl von Personen (generell) geltende, Regelung, die von einem Träger hoheitlicher Gewalt erlassen wurde und die für den Bürger oder eine sonstige Rechtsperson Rechte oder Pflichten begründet (Wienbracke 2013a). Durch derartige allgemeine Verhaltensnormen suchen die sie jeweils erlassenden, im betreffenden Gesetzgebungsorgan über die hierfür nötige Mehrheit verfügenden Politiker das Verhalten der Menschen in verbindlicher Weise in eine gewisse Richtung zu steuern, um hierdurch ein bestimmtes Ziel zu erreichen (z. B. Gesundheitsschutz der Bevölkerung durch § 3 Abs. 1 S. 1 NiSchG NRW: „Das Rauchen ist […] in den Einrichtungen nach § 2 Nummern 1 bis 8 verboten", wozu u. a. Kinos, Gaststätten und Einkaufszentren zählen) (Gröpl 2015; Morlok und Michael 2015). Ist der Urheber des in dem hierfür durch die jeweilige Verfassung (des Bundes bzw. Landes) vorgesehenen förmlichen Verfahren als Gesetz erlassenen Hoheitsakts ein Parlament (z. B. Bundestag oder Landtag NRW), so handelt es sich um ein **Gesetz im formellen Sinn** (Wienbracke 2013a). Die von der Exekutive erlassenen *Rechtsverordnungen* und *Satzungen* sind folglich nur im materiellen Sinn Gesetze bzw. handelt es sich umgekehrt bei dem vom Bundestag nach Art. 110 Abs. 2 S. 1 GG durch Haushaltsgesetz festgestellten Haushaltsplan allein im formellen Sinn um ein Gesetz (Wienbracke 2013a). Denn durch diesen wird lediglich die Verwaltung ermächtigt, Ausgaben zu leisten und Verpflichtungen einzugehen; Ansprüche oder Verbindlichkeiten für den Bürger werden durch den Haushaltsplan hingegen weder begründet noch aufgehoben, § 3 BHO (Wienbracke 2013a). Im Übrigen verhalten sich die beiden vorgenannten Gesetzesbegriffe dagegen wie zwei sich überschneidende Kreise, d. h. die meisten *Parlamentsgesetze* (Gesetze im formellen Sinn) sind zugleich Gesetze im materiellen Sinn (z. B. das BGB, StGB und VwVfG) (Wienbracke 2013a; Wienbracke 2015). Kein Gesetz (weder im formellen noch im materiellen Sinn) sind dagegen die grundsätzlich rein verwaltungsintern wirkenden, von einer vorgesetzten Behörde zur Steuerung des Verhaltens der ihr nachgeordneten Behörde erlassenen *Verwaltungsvorschriften* (z. B. Einkommensteuerrichtlinien) (Wienbracke 2013a).

Die Legislative hat durch den Erlass des jeweiligen (formellen Bundes- bzw. Landes-)Gesetzes dann die für sie nach Art. 20 Abs. 3 GG verbindliche verfassungsmäßige Ordnung gewahrt (Abschn. 1.2.2), wenn dieses sowohl formell als auch materiell verfassungsgemäß ist. Während die **materielle Verfassungsmäßigkeit** die Vereinbarkeit des Inhalts des Gesetzes namentlich mit den Grundrechten und den verschiedenen Ausprägungen des Rechtsstaatsprinzips (Abschn. 2.1.3) betrifft, sind im Rahmen von dessen **formeller Verfassungsmäßigkeit** 1) die Gesetzgebungszuständigkeit, 2) das Gesetzgebungsverfahren und 3) die Form zu prüfen (Papier und Krönke 2015; Wienbracke 2013b).

2.3.1.1 Zuständigkeit

Aufgrund der mit dem Bundesstaatsprinzip einhergehenden Staatsqualität sowohl des Bundes als auch der Länder (Abschn. 2.1.4) stellt sich bei jeder Ausübung der staatlichen Befugnisse und der Erfüllung der staatlichen Aufgaben das Problem, welcher der beiden vorgenannten „Verbände" im jeweiligen Fall zuständig ist (Maurer 2010). Der diese Frage nach der *Verbandskompetenz* allgemein beantwortende Art. 30 GG wird im Bereich der Gesetzgebung v. a. durch die Spezialregelungen der **Art. 70-74 GG** verdrängt (denen gegenüber wiederum u. a. Art. 105 GG für den Bereich der Steuergesetzgebung *lex specialis* ist) (Jarass und Pieroth 2016). Nach dem Grundsatz des Art. 70 Abs. 1 GG haben die Länder das Recht der Gesetzgebung, soweit das GG nicht dem Bund Gesetzgebungsbefugnisse verleiht. Da derartige „Ausnahmen", die sich verstreut über das gesamte GG finden (z. B. in Art. 38 Abs. 3, Art. 93 Abs. 3 GG), jedoch überaus zahlreich sind, ist das von Art. 70 Abs. 1 GG statuierte rechtliche Regel-Ausnahme-Verhältnis im tatsächlichen Ergebnis genau umgekehrt (Degenhart 2015; Maurer 2010). Hinzu kommt, dass das BVerfG eine Reihe von ungeschriebenen *Gesetzgebungszuständigkeiten* des Bundes entwickelt hat (s. u. Tab. 2.2). Letztlich verfügen die Länder neben dem Landesverfassungs- und -verwaltungsrecht (Abschn. 1.2 und 2.3.2) damit im Wesentlichen nur noch auf den Gebieten „Polizei", „Kultur" und „Kommunales" (P-K-K) über die Gesetzgebungskompetenz (vgl. auch Art. 23 Abs. 6 S. 1 GG) welche darüber hinaus allerdings durch die Föderalismusreform I aus dem Jahr 2006 teilweise ausgeweitet wurde (s. z. B. Art. 74 Abs. 1 Nr. 11 GG betreffend das Recht des Ladenschlusses, der Gaststätten, der Spielhallen, der Schaustellung von Personen, der Messen, der Ausstellungen und der Märkte; dazu s. auch Art. 125a GG) (Gröpl 2015). Tab. 2.2 enthält einen Überblick über die verschiedenen Arten der Gesetzgebungskompetenzen des Bundes (ohne Berücksichtigung von dessen Grundsatzgesetzgebungskompetenz; zu dieser s. Art. 109 Abs. 4 GG und Art. 140 GG i. V. m. Art. 138 Abs. 1 S. 2 WRV).

Handelt es sich bei der Regelungsmaterie des betreffenden Gesetzes um eine solche, die der *ausschließlichen Gesetzgebung des Bundes* unterliegt (v. a. Art. 73 Abs. 1 GG), so verfügt dieser ohne weiteres über die Gesetzgebungskompetenz (Papier und Krönke 2015). Die Länder haben in diesem Bereich nur dann die Befugnis zur Gesetzgebung, wenn und soweit sie hierzu in einem Bundesgesetz ausdrücklich ermächtigt werden, Art. 71 GG. Ist hingegen ein Sachbereich der *konkurrierenden Gesetzgebungskompetenz* betroffen (v. a. Art. 74 Abs. 1 GG), so ist wie folgt zu differenzieren: Nach dem Grundsatz des Art. 72 Abs. 1 GG haben die Länder die Befugnis zur Gesetzgebung nur, „solange" (zeitlich) und „soweit" (sachlich) der Bund von seiner Gesetzgebungszuständigkeit nicht durch Gesetz Gebrauch gemacht hat (Sperrwirkung; BVerfGE 138, 261 [280]). M. a. W.: „Vorranggesetzgebung des

Bundes, subsidiäre Gesetzgebung der Länder" (Maurer 2010). Abweichend hiervon hat der Bund auf den in Art. 72 Abs. 2 GG genannten Gebieten nach dieser Vorschrift das Gesetzgebungsrecht dagegen nur dann, wenn und soweit die Herstellung gleichwertiger Lebensverhältnisse im Bundesgebiet oder die Wahrung der Rechts- oder Wirtschaftseinheit im gesamtstaatlichen Interesse eine bundesgesetzliche Regelung erforderlich macht. Art. 72 Abs. 3 GG regelt schließlich für die in dessen Nr. 1 bis Nr. 6 genannten Materien „eine echte konkurrierende Gesetzgebung des Bundes und der Länder" (Maurer 2010). Aufgelöst wird diese Konkurrenz durch Art. 73 Abs. 3 S. 3 GG, der als *lex specialis* zu dem in Art. 31 GG positivierten *lex superior*-Grundsatz in Bezug auf die in Art. 73 Abs. 3 S. 1 GG genannten Gebiete im Verhältnis von Bundes- und Landesrecht, d.h. normenhierarchieebenenübergreifend, den *lex posterior*-Grundsatz anordnet (Gröpl 2015; Jarass und Pieroth 2016). Die drei in Tab. 2.2[1]. erwähnten Fallgruppen der ***ungeschriebenen Gesetzgebungskompetenz*** des Bundes sind als Abweichungen von dem in Art. 70 Abs. 1 GG ausdrücklich normierten Grundprinzip jeweils restriktiv zu handhaben (Papier und Krönke 2015).

Tab. 2.2 Gesetzgebungskompetenz des Bundes

Art:	ausschließlich	konkurrierend					
					ungeschrieben kraft		
		Grund-, Kern- bzw. Vorrangkompetenz	Bedarfs- bzw. Erforderlichkeitskompetenz	Abweichungskompetenz	**Natur der Sache**	**Annex** („in die Tiefe")	**Sachzusammenhangs** („in die Breite")
erfasste Materien:	v. a. Art. 73 I	v. a. Art. 74 I Nr. 1, 12	v. a. Art. 74 I Nr. 11	Art. 74 I Nr. 28–33[a]	z. B. Tag der dt. Einheit	v. a. Gefahrenabwehr	z. B. Dienstleistungsverkehr mit Ausland
Voraussetzungen:	Art. 71	Art. 72 I	Art. 72 II	Art. 72 III	Rspr.	Rspr.	Rspr.

[a]Mit **Ausnahme** der in Art. 72 Abs. 3 S. 1 Nr. 1, 2 und 5 GG ausgeklammerten Bereiche

---

[1]Diese ist angelehnt an Gröpl (2015), Staatsrecht I, 7. Auflage, Rn. 1203; die genannten Artikel („Art.") sind solche des GG.

2.3.1.2 Verfahren

Ist nach dem Vorstehenden der Bund für den Erlass des betreffenden Gesetzes zuständig, so richtet sich das *Gesetzgebungsverfahren* primär nach den **Art. 76 ff. GG**. Ein Verstoß gegen diese Vorschriften hat die formelle Verfassungswidrigkeit und damit die Nichtigkeit des betreffenden Gesetzes zur Folge (Abschn. 2.2.5) (Gröpl 2015).

Näher unterteilen lässt sich das Gesetzgebungsverfahren auf Bundesebene in 1) das in Art. 76 GG geregelte Einleitungs- bzw. Vorverfahren und 2) das Hauptverfahren gem. Art. 77 GG (zum Abschlussverfahren, s. Abschn. 2.3.1.3) (Gröpl 2015; Papier und Krönke 2015). Das Recht zur *Gesetzesinitiative* liegt nach **Art. 76 Abs. 1 GG** bei der Bundesregierung (Abschn. 2.2.3), beim Bundesrat (Abschn. 2.2.2) und auch „aus der Mitte des Bundestages" können Gesetzesvorlagen bei diesem eingebracht werden. Dieser im GG nicht definierte Begriff wird in § 76 Abs. 1 GOBT dahingehend präzisiert, dass Gesetzentwürfe (§ 75 Abs. 1 Nr. 1 GOBT) i. d. R. von einer Fraktion (Abschn. 2.2.1) oder von 5 % der Mitglieder des Bundestags unterzeichnet sein müssen. Verfassungsrechtlich geboten ist dies allerdings nicht, weshalb die Unterzeichnung der Gesetzesvorlage durch eine geringere Anzahl von Bundestagsabgeordneten nach h. M. nicht die Verfassungsmäßigkeit eines hierauf zurückgehenden Gesetzes berührt (Sodan und Ziekow 2016). Jedenfalls aber macht der Bundestag sich diese durch seinen nachfolgenden Gesetzesbeschluss zu eigen (Degenhart 2015).

Nach der etwaigen weiteren Behandlung der Gesetzesinitiative gem. Art. 76 Abs. 2 bzw. 3 GG – bei Gesetzesvorlagen aus der Mitte des Bundestags gibt es kein Vorverfahren – sieht **Art. 77 Abs. 1 S. 1 GG** die **Beschlussfassung des Bundestags** vor. Dies ist das eigentliche Kernstück des Gesetzgebungsverfahrens, das in den §§ 78 ff. GOBT näher geregelt ist (Gröpl 2015; Papier und Krönke 2015). Die u. a. für die danach vorgesehene Schlussabstimmung (§ 86 GOBT) erforderliche Beschlussfähigkeit des Bundestags ist nach § 45 Abs. 1 GOBT zwar nur dann gegeben, wenn mehr als die Hälfte seiner Mitglieder im Sitzungssaal anwesend ist. Doch ergibt sich im Umkehrschluss aus § 45 Abs. 2 S. 1 GOBT, der die positive Feststellung der Beschlussfähigkeit regelt, dass diese solange fingiert wird, wie die Beschlussunfähigkeit nicht festgestellt worden ist (Papier und Krönke 2015). Einen Verstoß gegen das Prinzip der repräsentativen Demokratie (Art. 20 Abs. 2 S. 2 GG, s. Abschn. 2.1.1) vermag das BVerfG hierin solange nicht zu sehen, als die Mitwirkung aller Abgeordneten bei parlamentarischen Entscheidungen im Rahmen des im parlamentarischen System des GG Vertretbaren sichergestellt ist (z. B. durch Mitwirkung der Abgeordneten bei der Vorbereitung der Parlamentsbeschlüsse außerhalb des Plenums, insbesondere in Ausschüssen, s. Abschn. 2.2.1)

(BVerfGE 44, 308 [315 ff.]). Gefasst werden die (Gesetzes-)Beschlüsse des Bundestags regelmäßig mit der Mehrheit der abgegebenen Stimmen, Art. 42 Abs. 2 S. 1 GG (Abschn. 2.2.1).

Nach erfolgter Annahme des Gesetzes durch den Bundestag ist dieses gem. Art. 77 Abs. 1 S. 2 GG unverzüglich dem **Bundesrat** zuzuleiten. Über welche Befugnisse dieser nach Art. 50 GG genau bei der Mitwirkung bei der Gesetzgebung des Bundes verfügt (Abschn. 2.2.2), hängt davon ab, ob es sich bei dem jeweiligen Gesetz um ein Einspruchs- oder um ein Zustimmungsgesetz handelt (Degenhart 2015). Da Letzteres nur solche sind, für die das GG ausdrücklich das Erfordernis der Zustimmung des Bundesrats vorsieht, ist Ersteres immer dann anzunehmen, wenn eine Bestimmung, wie sie z. B. in Art. 73 Abs. 2 GG („Gesetze nach Absatz 1 Nr. 9a bedürfen der Zustimmung des Bundesrates") enthalten ist, fehlt (Ipsen 2015). Ungeschriebene Zustimmungsvorbehalte gibt es nicht (Gröpl 2015; BVerfGE 108, 370 [397]). Ist allerdings auch nur eine Bestimmung des in Frage stehenden Gesetzes zustimmungspflichtig, so erstreckt sich die Zustimmungspflicht auf das gesamte Gesetz (Degenhart 2015). Denn im vorliegenden Zusammenhang meint dieser Begriff nicht das Gesetz i. S. e. einzelnen Norm, sondern vielmehr als „gesetzgebungstechnische Einheit" (BVerfGE 8, 274 [294 f.]). Allerdings gesteht das BVerfG dem Bundestag prinzipiell das Recht zu, eine Gesetzesmaterie in zwei Gesetze aufzuteilen, von denen nur eines, nicht aber auch das andere, zustimmungsbedürftig ist (BVerfGE105, 313 [338 ff.]). Bzgl. Änderungsgesetzen gilt: „Enthält das Gesetz nicht selbst auch zustimmungsbedürftige Vorschriften und ändert es auch keine solchen Vorschriften ab, so ist es nicht zustimmungsbedürftig" (BVerfGE 37, 363 [382]) – es sei denn, den nicht ausdrücklich geänderten, zustimmungsbedürftigen Vorschriften wird durch die nunmehrige Modifikation „inhaltlich eine wesentlich andere Bedeutung und Tragweite verl[iehen], die von der früher erteilten Zustimmung ersichtlich nicht mehr umfaßt wird" (Systemverschiebung; BVerfGE 48, 127 [180 f.])

Handelt es sich danach bei dem vom Bundestag beschlossenen Gesetz um ein *Einspruchsgesetz,* so kommt dieses gem. Art. 78 GG dann zustande, wenn der Bundesrat den Antrag gem. Art. 77 Abs. 2 GG auf Einberufung eines Vermittlungsausschusses nicht binnen 3 Wochen stellt, innerhalb der 2-Wochen-Frist des Art. 77 Abs. 3 GG keinen Einspruch einlegt oder ihn zurücknimmt oder wenn der Einspruch vom Bundestag überstimmt wird (näher dazu: Art. 77 Abs. 4 GG) (Gröpl 2015). Im Ergebnis kann der Bundesrat das Zustandekommen eines Einspruchsgesetzes somit lediglich verzögern, nicht aber auch verhindern (nur suspensives Veto) (Maurer 2010). Demgegenüber kommen *Zustimmungsgesetze* – gemäß ihrer Bezeichnung – nur dann zustande, wenn der insoweit über ein absolutes Vetorecht verfügende Bundesrat ihnen zustimmt, Art. 78 GG (Maurer 2010).

2.3.1.3 Form

Gemäß dem landläufig unter der Überschrift „Abschlussverfahren" behandelten Art. 82 Abs. 1 S. 1 GG werden die nach den Vorschriften des GG zustande gekommenen Gesetze vom Bundespräsidenten nach Gegenzeichnung ausgefertigt (Abschn. 2.2.4) und im Bundesgesetzblatt verkündet. Während für die formelle Verfassungsmäßigkeit die Gegenzeichnung entweder durch den Bundeskanzler „oder" durch den zuständigen Bundesminister ausreichend ist (Art. 58 S. 1 GG, s. Abschn. 2.2.4), bestimmt die organinterne Regelung des § 29 Abs. 1 S. 1 GOBReg hingegen, dass Gesetze dem Bundespräsidenten erst nach der Gegenzeichnung durch den Bundeskanzler „und" den zuständigen Bundesminister zur Vollziehung vorzulegen sind – was die dementsprechende Staatspraxis erklärt (Gröpl 2015). Der Begriff *„Ausfertigung"* meint die Herstellung einer Urschrift des Gesetzes durch Unterschrift des Bundespräsidenten, der bei dieser Beurkundung als „Staatsnotar" agiert (Abschn. 2.2.4) (Degenhart 2015; Gröpl 2015; Maurer 2010). Hierdurch wird deren Echtheit, d. h. die wörtliche Übereinstimmung mit dem von den gesetzgebenden Staatsorganen beschlossenen Geset- zestext, bestätigt (Maurer 2010). Neben dieser Authentizitätsfunktion hat die Ausfertigung zudem noch u. a. eine Legalitätsfunktion: sie bescheinigt den ordnungsgemäßen Verlauf des Gesetzgebungsverfahrens (Gröpl 2015). Dies wiederum bedingt, dass der Bundespräsident das ihm zur Ausfertigung vorgelegte Gesetz zumindest auf seine formelle Verfassungsmäßigkeit hin überprüfen darf und muss *(formelles Prüfungsrecht)* (Gröpl 2015). Seine sich aus Art. 82 Abs. 1 S. 1 GG ergebende Rechtspflicht zur Gesetzesausfertigung („Gesetze werden vom Bundespräsidenten [...] ausgefertigt") bezieht sich nach dem ausdrücklichen Wortlaut dieser Bestimmung nämlich nur auf die „nach den Vorschriften dieses GG zustande gekommenen Gesetze", wozu neben der Wahrung der Vorschriften über das Gesetzgebungsverfahren (Abschn. 2.3.1.2) auch die Einhaltung derjenigen betreffend die Gesetzgebungskompetenz (Abschn. 2.3.1.1) gehört (Wienbracke 2013a). In materieller Hinsicht ist das Prüfungsrecht des Bundespräsidenten dagegen nach h. M. auf Fälle offenkundiger (evidenter) Verfassungsverstöße beschränkt, d. h. nur insoweit verfügt dieser auch über ein *materielles Prüfungsrecht* (Wienbracke 2013a).

Mit der *Verkündung,* d. h. der amtlichen Bekanntgabe im öffentlich zugänglichen Bundesgesetzblatt (BGBl.), die rechtsstaatlich zwecks Information des Bürgers über Bestand und Inhalt der für ihn verbindlichen Normen geboten ist (Abschn. 2.1.3.2), wird das Gesetz rechtlich existent („erlassen") (Degenhart 2015; Maurer 2010; BVerfGE 34, 9 [23]). Wann es in Kraft tritt („spricht"), ist dagegen nicht mehr Teil des Gesetzgebungsverfahrens, sondern vielmehr des

Gesetzesinhalts (BVerfG, a. a. O.). Das „*Inkrafttreten*[...] des Gesetzes bestimmt [...] seinen zeitlichen Geltungsbereich, den Tag, von dem an es anzuwenden ist" (BVerfGE, a. a. O., S. 24). Art. 82 Abs. 2 S. 1 GG bestimmt hierzu, dass jedes Gesetz den Tag des Inkrafttretens bestimmen „soll" (zur etwaigen Rückwirkung Abschn. 2.1.3.2.3). Fehlt eine solche Bestimmung, so tritt es nach Art. 82 Abs. 2 S. 2 GG mit dem 14. Tag nach Ablauf des Tages in Kraft, an dem das betreffende Bundesgesetzblatt ausgegeben worden ist. Dem BVerfG zufolge ist dies mit dem Inverkehrbringen des ersten Stückes der jeweiligen Nummer des Bundesgesetzblatts bewirkt (BVerfGE 87, 48 [60]).

2.3.2 Vollziehende Gewalt

Die Anwendung der abstrakt-generellen Gesetze im konkret-individuellen Einzelfall – also im „Alltag" – ist Aufgabe der *Verwaltung* (Administrative), die zusammen mit der Regierung (Gubernative, s. Abschn. 2.2.3) die vollziehende Gewalt (Exekutive) bildet (Abschn. 2.3) (Gröpl 2015; Maurer 2010). Im grundgesetzlichen Bundesstaat (Abschn. 2.1.4) haben sowohl der Bund als auch die Länder jeweils ihre eigenen, voneinander getrennten Verwaltungen (Gröpl 2015).

Die Zuständigkeit für diese gesetzesakzessorische Verwaltung („welche Verwaltung vollzieht welches Gesetz?") ist nach Maßgabe der Art. 30, Art. 83 ff. GG zwischen Bund und Ländern verteilt (Gröpl 2015). Danach liegt der Schwerpunkt der Verwaltung im Ergebnis bei den Ländern (Maurer 2010). Im Einzelnen gilt: Der Vollzug von **Landesrecht** (z. B. PolG NRW) obliegt gem. Art. 30 Hs. 1 GG, der ebenfalls für die innerstaatliche Ausführung von *EU-Recht* gilt, den Ländern (Wienbracke 2013a; BVerwGE 116, 234 [239]). Und auch **Bundesgesetze** (z. B. das PassG) werden nach dem der vertikalen Gewaltenteilung (Abschn. 2.3) dienenden Grundsatz des Art. 83 Hs. 1 GG von den Ländern als „eigene Angelegenheiten" ausgeführt *(Eigenverwaltung)* (Maurer 2010). Zur Ausführung der Bundesgesetze durch die Länder „im Auftrage des Bundes" *(Auftragsverwaltung)* s. Art. 85 GG und zur Ausführung der Gesetze durch den Bund durch *bundeseigene Verwaltung* oder durch bundesunmittelbare Körperschaften oder Anstalten des öffentlichen Rechts s. Art. 86 GG.

Alternativ zu dieser *unmittelbaren Staatsverwaltung* können sich Bund (näher: Art. 87 Abs. 2, 3 S. 1 GG) und Länder zur Erfüllung ihrer jeweiligen Verwaltungsaufgaben aber auch rechtlich selbständiger Organisationsformen bedienen *(mittelbare Staatsverwaltung),* namentlich der als juristische Personen organisierten Körperschaften (z. B. Industrie- und Handelskammern, § 3 Abs. 1 IHKG), Anstalten (z. B. Sparkassen, § 1 Abs. 1 S. 1 SpkG NRW) und Stiftungen

(z. B. Stiftung Preußischer Kulturbesitz, § 1 Abs. 1 PrKultbG) des öffentlichen Rechts sowie ferner natürlicher und juristischer Personen des Privatrechts als Beliehene (z. B. TÜV-Sachverständige, § 29 Abs. 2 S. 2 StVZO) (Papier und Krönke 2015; Wienbracke 2015).

2.3.3 Rechtsprechung

Typisches Kennzeichen der im IX. Abschnitt des GG näher geregelten *Rechtsprechung* ist „die letztverbindliche Klärung der Rechtslage in einem Streitfall im Rahmen besonders geregelter Verfahren" (BVerfGE 103, 111 [138]). „Zu den wesentlichen Begriffsmerkmalen der Rechtsprechung in diesem Sinne gehört [mithin] das Element der Entscheidung, der letztverbindlichen, der Rechtskraft fähigen Feststellung und des Ausspruchs dessen, was im konkreten Fall rechtens ist" (BVerfG, a. a. O., S. 137). „Besondere Organe" i. S. v. Art. 20 Abs. 2 S. 2 GG, welche die rechtsprechende Staatsgewalt ausüben, sind nach Art. 92 Hs. 2 GG die dort genannten *Gerichte:* Das BVerfG (Abschn. 2.2.5), die im GG vorgesehenen Bundesgerichte (nach Art. 95 Abs. 1 GG der BGH, das BVerwG, der BFH, das BAG und das BSG, nach Art. 96 Abs. 1, 2 GG das Bundespatentgericht und die Wehrstrafgerichte sowie nach Art. 96 Abs. 4 GG Bundesdisziplinar- und -beschwerdegerichte) und die Gerichte der Länder (AG, LG, OLG; VG, OVG/ VGH; FG; ArbG, LAG; SG, LSG) (Papier und Krönke 2015; Papier und Krönke 2015). Allen diesen wird jeweils das Handeln ihrer Organwalter, d. h. der *Richter,* zugerechnet, denen die rechtsprechende Gewalt gem. Art. 92 Hs. 1 GG anvertraut ist (allgemeiner Richtervorbehalt) (Maurer 2010; Sodan und Ziekow 2016). Die Richter sind nicht nur in persönlicher (Art. 97 Abs. 2 GG), sondern auch in sachlicher Hinsicht unabhängig (Art. 97 Abs. 1 GG), d. h. insbesondere nicht an Weisungen der Politik oder der Verwaltung gebunden (Gröpl 2015). Vielmehr sind sie gem. Art. 97 Abs. 1 GG nur dem Gesetz unterworfen, vgl. auch Art. 1 Abs. 3 und Art. 20 Abs. 3 GG. Zudem gehört „[d]er Grundsatz, daß niemand in eigener Sache Richter sein kann, [...] zu den rechtsstaatlichen Prinzipien. Der Satz gilt [...] für die richterliche Tätigkeit, denn dieser ist wesentlich, daß von einem nichtbeteiligten Dritten entschieden wird" – einfachgesetzlich umgesetzt u. a. in § 54 Abs. 1 VwGO i. V. m. § 41 ZPO (BVerfGE 3, 377 [381]). Durch diese organisatorischen und personellen Vorgaben soll eine möglichst objektive („richtige") und neutrale (unparteiische) Entscheidung gewährleistet werden (Gröpl 2015; Sodan und Ziekow 2016; BVerfGE 116, 1 [10]). Dies ist auch der Hintergrund für die im GG mitunter angeordneten speziellen Richtervorbehalte (s. die in dessen Art. 13 Abs. 2-5 und Art. 104 Abs. 2, 3 angeordneten Präventivkontrollen)

(Maurer 2010; Papier und Krönke 2015). Verschränkungen der Judikative mit den beiden anderen Staatsgewalten, wie sie zwischen der Legislative und der Exekutive vorkommen (Abschn. 2.3), sind unzulässig (strikte Gewaltentrennung) (Gröpl 2015). Angelegenheiten, bei denen es sich der Sache nach um „Rechtsprechung" handelt, dürfen anderen Stellen als den vom GG hiermit betrauten staatlichen Gerichten daher nicht zugewiesen werden (Sodan und Ziekow 2016).

Justizgrundrechte (vgl. Art. 93 Abs. 1 Nr. 4a GG) enthalten für alle Gerichtsverfahren: Art. 101 Abs. 1 S. 2 (Recht auf den gesetzlichen Richter) und Art. 103 Abs. 1 (Anspruch rechtliches Gehör; *„audiatur et altera pars"*) GG sowie ferner speziell für den Strafprozess Art. 103 Abs. 2 (Bestimmtheitsge- und Analogiesowie absolutes Rückwirkungsverbot, s. Abschn. 2.1.3.2.3; *„nulla poena sine lege certa et scripta, stricta* bzw. *praevia"*) und Art. 103 Abs. 3 (Mehrfachbestrafungsverbot für dieselbe Tat; *„ne bis in idem"*) GG. Zudem folgt aus dem Rechtsstaatsprinzip (z. T. i. V. m. Art. 1 Abs. 1 und Art. 2 Abs. 1 GG) ein allgemeiner Anspruch auf Justizgewährung (auch außerhalb von Art. 19 Abs. 4 S. 1 GG), auf „faires Verfahren" (Art. 6 Abs. 1 S. 1 EMRK, Art. 47 Abs. 2 EU-GrCh) sowie speziell für den strafrechtlichen Bereich zudem das Prinzip „keine Strafe ohne Schuld" (vgl. §§ 17, 19 ff., 33, 35 StGB), die Unschuldsvermutung (Art. 6 Abs. 2 EMRK, Art. 48 Abs. 1 EU-GrCh), das Verbot der Selbstbezichtigung (*„nemo tenetur se ipsum accusare"*, § 55 StPO) und der Grundsatz *„in dubio pro reo"* (im Zweifel für den Angeklagten) (Maurer 2010; BVerfGE 20, 323 [331]; 57, 250 [274 f.]; 80, 109 [120 f.]; 107, 395 [401]; 110, 1 [22 f.]).

Eine ausführliche Darstellung der **Grundrechte** mit wirtschaftsjuristischem Schwerpunkt sowie der Verfassungsbeschwerde findet sich bei *Wienbracke* (2013) Einführung in die Grundrechte. Springer Gabler, Wiesbaden.

Literatur

Degenhart C (2015) Staatsrecht I, 31. Aufl. Müller, Heidelberg
Gröpl C (2015) Staatsrecht I, 7. Aufl. Beck, München
Ipsen J (2015) Staatsrecht I, 27. Aufl. Vahlen, München
Maurer H (2010) Staatsrecht I, 6. Aufl. Beck, München
Morlok M, Michael L (2015) Staatsorganisationsrecht, 2. Aufl. Nomos, Baden-Baden
Papier H-J, Krönke C (2015) Grundkurs Öffentliches Recht 1, 2. Aufl. Müller, Heidelberg
Jarass H-D, Pieroth B (2016) Grundgesetz, 14. Aufl. Beck, München
Sodan H, Ziekow J (2016) Grundkurs Öffentliches Recht, 7. Aufl. Beck, München
Wienbracke M (2013a) Juristische Methodenlehre. Müller, Heidelberg
Wienbracke M (2013b) Einführung in die Grundrechte. Springer Gabler, Wiesbaden
Wienbracke M (2014) Verwaltungsprozessrecht, 2. Aufl. Müller, Heidelberg
Wienbracke M (2015) Allgemeines Verwaltungsrecht, 4. Aufl. Müller, Heidelberg

© Springer Fachmedien Wiesbaden GmbH 2017
M. Wienbracke, *Staatsorganisationsrecht*, essentials,
DOI 10.1007/978-3-658-17199-5